講談社選書メチエ
738

イスラエルの起源

ロシア・ユダヤ人が作った国

鶴見太郎

MÉTIER

はじめに

ユダヤ人とイスラエル――どちらも日本では馴染みが薄いが、おぼろげなイメージぐらいはないだろうか。そして、両者のイメージはかなり対極的ではないだろうか。

ユダヤ人といえば、ヨーロッパでの迫害やホロコーストを連想する人は多いだろう。ユダヤ人の具体的な顔に初めて触れるのは、歴史の教科書に登場する『アンネの日記』を通してかもしれない。そこで目にするユダヤ人は、何か手をさしのべてあげなければならないような、かわいそうな人々のように見える。

一方、イスラエルといえば、中東あたりでよく戦争をしている国、小国にもかかわらず高度な軍事力を持っている国というイメージがあるかもしれない。あるいは、先住民のパレスチナ人を抑圧している国というイメージを持っている人もいるだろう。いわば、手を出したら嚙まれてしまいかねない戦闘的なイメージだ。

しかしそのイスラエルは、ユダヤ人の国家だとされることが多い。対極的な二つが一緒になっているのだ。

中東の一角、地中海東端とヨルダンのあいだにある、歴史的にはパレスチナと呼ばれてきた地域にイスラエルは位置している。一九四八年に建国された比較的新しい国だ。それまでこの地域は久しくオスマン帝国の支配下に置かれ、ムスリムを中心とするアラブ人が暮らしていた。

現在、イスラエルの全人口約九〇〇万人のうちおよそ六五〇万人はユダヤ人（ユダヤ教徒）である。その他の大半は、昔から暮らしてきたアラブ人（パレスチナ人）のうち、イスラエル独立時に起こった戦争の後も残った人々だ。イスラエルの独立宣言には、イスラエルが「ユダヤ的国家」であることが明記されている。

「ユダヤ人」を定義することは、他の「〇〇人」と同様に「科学的」（少なくとも生物学的）には不可能だが、現在では、基本的には自らをユダヤ人・ユダヤ系と考える人を指し、多かれ少なかれユダヤ教やユダヤ人の歴史とのつながりを見出している人々であることが想定されている。現在ではユダヤ教をあまり実践しない人のほうが多数派だ。

この定義に基づくと、現在の世界のユダヤ人口は、やや抑制的に見積もってもおよそ一五〇〇万人になる。イスラエルに次いでユダヤ人口が多いのは、六〇〇万人弱が暮らすアメリカであり、イスラエルとアメリカがユダヤ人口の二大拠点になっている。三位以下の人口数は桁が一つ減り、フランス、カナダ、イギリス、アルゼンチン、ロシアと続く。ちなみに日本には一〇〇〇人ほどが暮らしているとされる。

では、ユダヤ人と聞いてヨーロッパを連想するのは的外れかといえば、それは時期による。ソ連崩壊直前は、アメリカに次いで多かったのはソ連であり、ホロコースト以前まではさらに多く、ロシア・東欧地域こそがユダヤ人口の中心だった。二〇世紀初頭では、世界のユダヤ人口約一一〇〇万人のおよそ半数が、ロシア領ポーランドを含むロシア帝国に暮らしていた。

一九世紀終わり頃からアメリカやパレスチナなどにユダヤ人が移住し始め、ホロコーストによる破滅やソ連崩壊の混乱を経て、前記の人口分布になった。

現在のユダヤ世界はかつてないほど多様化しており、イスラエルのユダヤ人でも伝統的なユダヤ教のスタイルを守り続ける人々がいる一方で、歴史的経緯の異なる中東・アフリカのユダヤ人も特に建国後に多く移民し、今では同国ユダヤ人口の半分を占めている。

アメリカのユダヤ人についても、イスラエルとの関わり一つとっても、例えばトランプ大統領の娘婿ジャレッド・クシュナーのように強靭なイスラエル国家を支持するユダヤ人もいれば、それに批判的なユダヤ人、さらにはイスラエルの存在そのものに反対するユダヤ人もいる。ユダヤ教に対する立場も実に様々だ。ユダヤ教の師である「ラビ」は歴史上長きにわたって男性に限られてきたが、アメリカでは女性のラビがいる改革派もあれば、世俗社会と自集団を遮断して独自の地域共同体を築く極端に伝統主義的な一派もある。

他のディアスポラ（離散）のユダヤ人も同様に多様で、ソ連崩壊後にイスラエルに移民したユダヤ人は、無神論のソ連でユダヤ教とはかなり離れてしまっていた人々だった。移民の理由もイスラエルのあり方に共感したというよりも、経済的理由によるところが大きい。

こうした多様性を鑑みると、先に挙げたユダヤ人とイスラエルに関するイメージは、非常に一面的であることがわかる。だが、特に、パレスチナへの移民が始まった一九世紀終わりから、イスラエルがつくられていった二〇世紀半ばまでの時期に重きを置いて歴史を大局的に見るなら、イメージの対照性はあながち間違っていないのだ。

紀元一世紀にローマ帝国に敗れて以来、一九世紀までのディアスポラの歴史のなかでユダヤ人が迫害に対して武器を取って立ち向かったケースは非常に限られている。基本的には嵐が過ぎ去るまで堪え忍ぶという姿勢でユダヤ人は一貫していた。

一方、イスラエルは、建国以来何度も隣接するアラブ諸国と戦火を交え、支配地域内のパレスチナ人にも容赦がない。公言はしていないが、イスラエルは核保有国だと噂される。男女ともに兵役があり、過去四度にわたる中東戦争をはじめ、その数々の軍事作戦は世界に大きなインパクトを与えた。

近年では、ガザ地区のハマース(「イスラーム過激派組織」とされる)の徹底的な弾圧のためにはパレスチナ市民の犠牲や困窮を厭わない姿勢で国際社会から非難を浴びている。イスラエルの軍事技術やセキュリティ製品に対する注目度も高い。

では、このように対極的なユダヤ人とイスラエルは、いったいどのような経緯で重なっていくことになったのか。

この問いに対しては、ここまでに記してきたことでもある程度は予測がつくかもしれない。一九四一年頃からユダヤ人殲滅へと向かったホロコーストで民族存続の危機に瀕したユダヤ人が、ついに目覚めてイスラエルを建国し、自衛を徹底するようになった、という筋書きである。

だが、ユダヤ人国家をつくろうという運動=シオニズムは、実はホロコースト以前からすでに本格化しており、パレスチナや国際政治においてそれなりの基盤を築いていた。その頃に運動の中枢を担っていた人々がイスラエルを建国し、アラブ諸国と戦闘を繰り広げていった。

ホロコーストが起こったからといって、そうした動きの大勢が大きく変わったわけではない。ホロコースト以降の現在でも、世界のユダヤ人の過半数がイスラエル外に住んでいるように、イスラエルに行かなかったユダヤ人のほうが多かったのだ。

ホロコーストが世界のユダヤ人に多大な影響を与え、イスラエル建国を後押ししたことは間違いない。しかし、イスラエルを担《かつ》ぐことになったユダヤ人の軍事的な志向性の高さについては、必ずしもその説明とはならないのである。

むしろ、ホロコーストより以前、特に一九世紀の終わりぐらいから始まっていたユダヤ人のあいだでのある変化が、彼らが国家という形で自衛を徹底していくうえでの大きな前提になった。それはどのような変化だったのか。本書が解き明かすのはこの点である。


以下、序章では、この変化についてもう少し敷衍し、第一章では、その背景を探るための道具立てを提示する。第二章では、本書の舞台になるロシア帝国とそのユダヤ人に関する基本情報を示し、以下、第三章以降で、ユダヤ人の姿を具体的に追っていく。

第三章ではまずロシアと最も密接につながっていたリベラリスト（自由主義者）に登場してもらい、第四章ではシオニスト、ただしリベラリストとの共通性をある程度持っていた人物を紹介する。第五章では、ユダヤ人として孤高に生きることを志向するようになったシオニストについて、第六章では、ロシアのなかでの独自性からユダヤ世界のなかでの独自性を追求する形に路線変更したシベリア・極東のシオニストについて議論し、上記の変化を多角的に考えていく。

目次

はじめに　3

序章　二種類のユダヤ人　13

第一章　内なる国際関係——自己のなかの複数の民族　27

1　リベラリズムとリアリズム　28
2　自己を分解して考える　35
3　諸側面の関係性　39
4　関係性の主要なパターン　42
5　関係性は何で決まるか　54

第二章　ユダヤ人とロシア帝国――様々な変化　61

1　マイノリティとしてのユダヤ人　62
2　近代における変化(1)――思想的変化　70
3　近代における変化(2)――社会経済的変化　75
4　近代における変化(3)――政治的変化　80

第三章　「ロシア・ユダヤ人」の興亡――相互乗り入れするリベラリスト　89

1　「ロシア・ユダヤ人」というアイデンティティ　90
2　ユダヤ人と経済　101
3　ポーランドとの関係　106
4　ロシア人の反応　110
5　一九一七年革命とユダヤ人　116
6　内戦と亡命　121

第四章　ファシズムを支持したユダヤ人　リベラル・シオニストにとっての国家　135
1　ユダヤとロシアの邂逅　136
2　シオニストとしてのパスマニク　140
3　社会経済学的シオニズム　148
4　カデットのパスマニク　154
5　君主主義の亡命ロシア人　160
6　ロシアとユダヤの複雑な関係　174

第五章　民族間関係の記憶　ポグロムとパレスチナをつなぐもの　181
1　リベラリストとシオニストの論争　182
2　ポグロムの影　185
3　ポグロムの理解　190
4　ポグロムの記憶のパレスチナへの投影　201
5　ポグロム被害者のオリエンタリズム　208

第六章　相補関係のユダヤ化　シベリア・極東のシオニスト　213
1　シベリアのシオニスト　214
2　ハルビンへの亡命　227
3　シベリアとシオンの結節点　235
4　地方アイデンティティとユダヤ世界での自己完結　243

終　章　多面的な個が民族にまとまるとき　249

注　263
文献一覧　269
初出一覧　286
あとがき　287

序　章

二種類のユダヤ人

世界は畜殺される者に同情しない。世界が尊敬するのは、戦う者だけである。諸国民は、この厳しい現実を知っていた。知らなかったのはユダヤ人だけである。われわれは甘かった。敵がわれわれを意のままに罠にかけて殺戮できたのは、そのためである。（ベギン　一九八九、(上)七二頁。原書に基づいて訳語を一部改変）

ホロコーストとイスラエル

ホロコーストでユダヤ人が虐殺された原因は、認識が「甘い」ユダヤ人自身にもあったと言わんばかりにそう回想したのは、一九七七年にイスラエル首相となったメナヘム・ベギン（一九一三―九二年）である。

しかし、ベギンがこのようにユダヤ人自身を責めた背景についてはのちほど論じるとして、羊のように「畜殺される」丸腰のユダヤ人に世界は同情し、イスラエル建国を後押ししたというのが、一般的な理解だろう。その理解では、イスラエルに逃避したユダヤ人自身は、「かわいそうな人々」のままだったはずだ。

こうした一般的な理解を反映した例として挙げられるのは、スティーヴン・スピルバーグ監督による著名な映画『シンドラーのリスト』（一九九三年）である。ドイツ人の工場経営者オスカー・シンドラーが、自らの軍需工場に必要な（安価な）労働力だとして、工場で雇っていたポーランド系のユダヤ人の強制収容所送りを部分的に食い止めたという実話に基づくストーリーだ。

シンドラーの工場の外では、ユダヤ人は幾度となく、唐突に、あるいはきわめて理不尽な理由で頭を打ち抜かれるなどして虐殺される。それこそ羊のように、貨車に詰め込まれて連行される。そうしたなかでようやく戦争が終わり、シンドラーの工場で生き残ったユダヤ人が解放されるシーンで映画は幕を閉じる。彼らがどこに向かったのかは明示されていないが、そのシーンで流れるのは「黄金のエルサレム」というイスラエルの愛国的な歌だ。

このようなストーリーからすると、イスラエルはホロコーストの犠牲のうえに生まれた希望ということになる。ホロコーストの犠牲者は、当然、最大限同情されるべき存在である。ユダヤ人を助け、解放したのは、シンドラーやソ連軍などの非ユダヤ人であり、ユダヤ人はイスラエル建国後も「戦う者」としては想定されていない。

ところがベギンは、ホロコーストで殺されたユダヤ人に対して辛辣な表現を用いてまで、戦うユダヤ人を強調した。実際、ベギンは、とりわけアラブ人／パレスチナ人やアラブ諸国に対して、武力を基軸に強硬姿勢を貫くイスラエルを先導した。[1]

ではベギンは、なぜこうした対比のなかで「戦う」ユダヤ人を強調したのか。

ホロコースト後、世界は元に戻ったか

ホロコーストをめぐっては、『ショア』という九時間にも及ぶドキュメンタリー映画（一九八五年）も、古典としての地位を確立している。「ショア」とはヘブライ語で「破壊」を意味し、ホロコーストを指す。興味深いのは、監督をしたフランスのクロード・ランズマンが、『シンドラーのリスト』にきわめて批判的なことだ。

『ショア』は、生き残ったユダヤ人や元ナチス、ホロコーストを傍観したポーランド人など、ホロコーストの目撃者の証言を記録した映画である。その背景には、ホロコースト以前には戻れない世界において、ホロコーストはどこまで記憶できるのか、表象できるのか、そもそもそれらは可能なのか、という問いが埋め込まれている。そのため、史実に基づくとはいえ特定の「再現映像」を（安易に）つくった『シンドラーのリスト』に、ランズマンは批判的にならざるをえない。

だがそれ以上に、ランズマンや、『ショア』を評価する哲学者たちが問いかけるのは、ホロコーストを、そのようなヒューマン・ドラマとして表象してしまってよいのかという点である（鵜飼・高橋編 一九九五を参照）。きわめて非人間的なホロコーストのなかに登場するシンドラーのような人間的な人物を主人公にして、彼とユダヤ人の人間的交流を描くこと。それは、惨劇が去った後に、ユダヤ人を含めて人類が元の鞘に収まったことを印象づけてしまうのではないか――過去にも現在にも、人間的な正義は存在し続ける、と。

それに対して、先の引用でベギンが暗示したのは、少なくともユダヤ人は変わってしまったという事実だった。つまり、嵐が過ぎ去るのを耐え、辛うじて残った人間性に支えられつつ、ついに芽を出したのがイスラエル――なのではなく、嵐、というより、人間自身による惨劇は、人間性への信頼を棄損することでユダヤ人を変え、その先にイスラエルが建国されたということだ。

実際、イスラエルは戦う国になった。建国以来イスラエルは国民皆兵制を敷き、現在でも男性三年弱、女性二年の兵役が、実質的にはユダヤ系市民に課されている。

イスラエルは常に軍事とともに歩んできた。世界史の教科書にも登場する計四回にわたる中東戦争はもとより、二度にわたるレバノン戦争、「対テロ戦争」の名の下に行われたパレスチナ自治区（ヨルダン川西岸地区、ガザ地区）への無数の侵攻や報復、パレスチナ人に対する日常的な軍事的締め付けなど、ニュースに流れるイスラエルはいつも軍服を身にまとっている。

では、イスラエルを内側から支えてきたベギンのような人々の志向性は、どのような経緯で生まれたのか。

「はじめに」で述べたことを改めて確認するなら、ユダヤ人の変化はホロコースト以前から生じていた。ベギンはホロコースト以前から「戦う」ユダヤ人を実践していた。タイミングとしてはホロコーストから数年後にイスラエルは独立国家としての宣言を出しているが、その歩みは半世紀前から始まっていたのである。ホロコーストは、ユダヤ人を変えていった一連のプロセスの最終局面にすぎない。

シオニズムと軍事主義

ベギンの思考を規定しているのは、シオニズムである。

シオニズムとは、ユダヤ人の発祥の地とされるパレスチナにユダヤ人の民族的基盤を打ち立てようとする思想・運動を指す。「シオン」は、エルサレム旧市街の南西端にあるシオンの丘のことで、ユダヤ人にとってのパレスチナの象徴だ。

シオニスト運動は、一九世紀の終わりに、主としてロシア帝国のユダヤ人のあいだで始まり、二〇世紀初頭頃までに西欧世界のユダヤ人にも拡大していった。ベギンも旧ロシア帝国領の生まれである。

ベギンに限らず、シオニストは、武力による自衛を次第に重視するようになっていき、建国までに強固な軍隊を作り上げていった。

もっとも、イスラエルが軍事主義とともにあるのは、そうすることを余儀なくされてきたからであって、好き好んでそうしたわけではないという反論が聞こえてきそうだ。

確かに、イスラエルは建国当初から、独立をめぐって戦火を交えた周囲のアラブ諸国との絶え間ない軍事的緊張関係のなかに置かれてきた。建国前からすでに、入植を進めるシオニストと先住民のアラブ人とのあいだで暴力的な対立が生まれていた。一度武器を手にし、そのために犠牲を出したという事実を簡単にリセットすることはできない。軍事的な緊張状態が続く限り、そこでの劣勢は破滅を意味しかねない。一旦手にしてしまった武器を捨てるのは容易ではないのだ。

だが、そもそもなぜ初めに武器を手に取ろうとしたのか。また、たとえ軍事的な手段が不可避だったのだとしても、なぜ実際に用いられた程度まで徹底することになったのか。初めに武器を取ろうとしたとき、またその後武器を構え続けようとしたときに念頭にあったものは何だったのか。

アラブ人との最初の武力衝突

パレスチナは、長くオスマン帝国の支配下に置かれていた。統一的な行政区画だったわけではなく、シリアやレバノンあたりと関連づけられながら、いくつかの行政区に分かれていた。しかしシオニストは、太古の昔にユダヤ人が王国を築いていたこの地域に戻るのが「ユダヤ民族」の積年の夢だと主張した。

シオニスト運動が始まる直前の一八八〇年の時点で、パレスチナの人口は三二万四〇〇〇人ほどで、そのうち約二万四〇〇〇人がユダヤ人だった。正確には「ユダヤ教徒のアラブ人」と記すべきかもしれない。というのも、「アラブ人」というのは、「アラビア語を話す者」という意味で、宗教ではムスリムがマジョリティであるとはいえ、キリスト教徒やユダヤ教徒なども含む概念だからだ。

ヨーロッパでは二〇世紀に入ってからも地域によっては依然として宗教や宗派の違いのほうが「民族」の違いより重視されることが多々あったが、中東ではその傾向はさらに強かった。

だが、旧習を打破しようとしていたシオニストは宗教を基準にものを考えることは少なく、ユダヤ人の「民族」としての統一を掲げていた。そのため、シオニストにとって、アラブ人のなかのユダヤ教徒は、本来「ユダヤ民族」としてまとまるべき存在だった。

はじめのうちアラブのユダヤ教徒はそうした動きに反対することが多かったが、次第に押し切られていく。シオニストが「民族」を基準にして次々に流入していくなかで、アラブ人の側でも、アラブのユダヤ教徒とシオニストを混同するケースが増え、彼らへの風当たりが次第に強くなっていったからである。そうして、彼らは同胞として迎えてくれるシオニストの側に付かざるをえなくなっていった。この流れはイスラエル建国以降も続き、「はじめに」で述べたようにユダヤ人が中東からイスラエルに多く移民したのは、そのためも大きい。

こうした経緯で、「ユダヤ人対アラブ人（ただしユダヤ教徒を除く）」という構図がパレスチナに定着していった。それが暴力対立に発展した直接的なきっかけはよく知られている。それは一九二〇年のことだった。

オスマン帝国は第一次世界大戦で敗者となり、国際連盟の「委任統治」の名の下にイギリスがパレスチナ一帯を支配することになった。イギリスはすでに大戦中の一九一七年に、ユダヤ人の「民族的故郷」をパレスチナにつくることを認めるバルフォア宣言を出しており、委任統治の制度のなかにシオニスト組織を組み込んでいた。パレスチナ・アラブ人のあいだでは、イギリスの支配やユダヤ人のプレゼンスの上昇に対する不満がくすぶっていた。

一九二〇年四月、ムスリムの祝祭ナビー・ムーサでそうした感情は一気に高まった。本書にしばしば登場し、この時期すでに軍事をかなり重視するようになっていたヴラディーミル・ジャボティンスキー（一八八〇—一九四〇年）率いるシオニスト組織のメンバーは、エルサレムで挑発的に行進を行い、ナビー・ムーサの集会と衝突した。この暴動は双方で数名の死者を出す（Pappe 2004, p. 83）。[2]

また翌年には、大半が（旧）ロシア帝国領出身者だった労働シオニストがヤーファー（アラビア語）／ヤッフォ（ヘブライ語）とテルアビブで行っていたメーデーの行進をめぐって、まずイギリス当局とのあいだで諍《いさか》いが起きた。それが飛び火して、アラブ人の暴動が始まると、この年もナビー・ムーサと重なり、ユダヤ人とアラブ人それぞれで五〇名ほどが犠牲になった（Smith 2009, p. 110）。

これらの事件では、アラブ人も丸腰だったわけでは決してないし、イギリス政府も軍隊を含め力をもって介入した。だから、シオニストの一存でパレスチナに暴力が拡大していったわけではない。パレスチナを含むオスマン帝国領では、ちょうどシオニズムの発展と時期を同じくして、シオニズム以外の諸事情も契機としながらアラブ・ナショナリズムが興隆しつつあったことを忘れてはならない。

その一方で、シオニストが入植してくる前まで、現地にもともと暮らしていた少数のアラブのユダヤ教徒とムスリムやキリスト教徒とのあいだで暴力的な対立がほとんど起こっていなかったことも事実である。

アラブの先住民と入植してきたシオニストは、第一次世界大戦の前までは比較的良好な関係を築く場合も少なくなかった。最も長く続いた場合では、両者の関係が決定的に破綻する一九四八年まで、農業入植を行ったシオニストと、隣接するアラブ村とが比較的友好的な関係を保った事例も報告されている（ガリラヤ地方における一例として、Uri and Selzer 2018 を参照）。ユダヤ人とムスリムやキリスト教徒のアラブ人の対立は、決して運命づけられていたわけではない。

むしろ、前述のナビー・ムーサ事件にジャボティンスキーらの軍事主義的な組織の影があったことは、シオニストの側に少なからず暴力の契機が潜んでいたことを物語っている。

ジャボティンスキー

実際、入植する前から、シオニストは自衛の志向性を持つようになっていた。直前までロシア帝国を中心に活動していたジャボティンスキーも、パレスチナに渡る前から軍事主義的な志向性、少なくともそれと親和的な思考様式を備えつつあった。ジャボティンスキーは、ベギンが属していた修正主義シオニズムという流れの創始者でもある。

つまり、アラブ人との衝突は、シオニストがロシア・

東欧地域を中心とするヨーロッパで暮らしていたときからすでに用意されていたのだ。

軍事主義の必要条件

ただし、その「用意」は、必ずしも直接軍事に関わることばかりではなかった。一旦武器を取ってしまったあとは、往々にして軍事の論理が圧倒していき、その後に続く事態は軍事中心になっていくものだから、武器を取る前の段階こそが肝心なのだ。まだ武器を手にしていないものの、取ることに対する心理的障壁がなくなった状態こそが、ここでいう「用意」である。

もちろん、武器を取ったとしても、それを抑制的にしか用いない立場と好戦的な立場があり、二つは大きく異なるとする見解もある。だから、武器を取った後の変化にも論点はありうるだろう。しかし本書は、そもそも武器を取ることを考えない状態と、最小限であれ武器を取ろうとする状態のあいだには、太い一線が引かれていると考える。

武器を取ることを厭わない状態とは、次のようなものだ。軍事とは、敵と味方の明確な区別を基本とする。敵と味方が不分明な場合、武器を誰かに、ましてや集団に対して向けることは困難だからである。したがって、軍事というものへの抵抗感をなくすには、人間集団を敵と味方に二分できる単純明快な思考様式に慣れていなければならない。

この思考様式が充満した状態のなかで、正面衝突しなければならない具体的な状況と一定量の武器が揃ったとき、一気に軍事主義が加速していく。逆に、武器を取ることを考えない状態とは、敵と味方が不分明だったり、「敵と味方」という考え方をそもそも採用しなかったりする状態である。

では、敵と味方、あるいは自集団と他集団の明確化がロシア・東欧地域で進展したのはどのような経緯によるのか――これが本書の基本的な問いである。

「女らしい」ユダヤ人と「男らしい」ユダヤ人

すでに述べたように、ロシア・東欧のユダヤ人はもともと好戦的な人々だったわけではない。むしろ、ディアスポラ（離散）のユダヤ人は、総じていえば軍事主義の対極に位置することが圧倒的に多かった。

もちろん、居住国の軍隊に徴兵され、そのなかで国のために戦うことはあった。だが、ユダヤ人という集団を守るために武装することはまずなかったのだ。二〇世紀初頭にロシア帝国でユダヤ人に対する暴力（ポグロム）が吹き荒れたときに、シオニストや他のユダヤ人の組織が一部で自衛組織を作ったのが初めてだったが、それも、当局の取り締まりもあって、本格的には展開されなかった。

冒頭で見たベギンの描写は、殺されたユダヤ人に対してフェアな言い方ではないにしても、彼のような軍事重視のユダヤ人と、別の考え方を持っていた伝統的なユダヤ人のコントラストをよく表している。

この二種類のユダヤ人のコントラストは、実はベギンのような立場に批判的なユダヤ人によっても描かれている。ただし評価は正反対である。

アメリカのユダヤ教史家ダニエル・ボヤーリンと人類学者ジョナサン・ボヤーリンによると、ディアスポラのユダヤ人とシオニストの違いは、前者が「女らしさ」をむしろ積極的価値として捉えていたのに対して、シオニストは筋骨隆々とした「男らしい」ユダヤ人を創成しようとしたことにある（ボヤーリン＋ボヤーリン 二〇〇八）。

ここで「女らしい」あるいは「男らしい」というのは、もちろん一般に流通しているステレオタイプであり、実際の女性や男性がそうした特徴を持っていることを意味するわけではない。当事者が持っていたイメージとしてこれらの用語が使われている。

ボヤーリンらが特に注目している「女らしさ」とは、迫害に対して、他民族と正面衝突するのではなく、なるべく息を潜め、他民族にうまく取り入る隙をうかがうような生き方のことである。このように書くと、狡賢《ずるがしこ》い響きがしてしまうかもしれないが、言い換えれば、敵に対しても自己を開き続ける（閉じすぎない）ことで生存をはかる戦略だ。

それに対してシオニストが理想視したのは、西暦七三年にローマ帝国に対して、最後の砦であったマサダ（死海のほとりの岩山）に残りながら、奴隷になるよりも集団自決を選んだユダヤ人たちだった。現在のイスラエル国防軍でも、マサダは象徴的な役割を果たしており、入隊式はその地で執り行われる。

二〇世紀初頭からパレスチナ入植の中心を担ったシオニストは、「男らしい」ユダヤ人の養成を目指し、商業・手工業中心のディアスポラ時代に対して、肉体労働としての農業を推進した。青白く「女らしい」（女々しい）外見や、その原因である商業などの生業こそが、ユダヤ人が蔑《さげす》まれ迫害される一因であるとして、その克服を狙ったのだ。その延長線上に今日のイスラエルがある、というのがボヤーリンらの見立てである。ベギンが、戦う姿を見せないと尊敬されない、と書いたのはこうした意味だった。

「はじめに」で記した、ディアスポラのユダヤ人と、イスラエルをつくっていくユダヤ人のイメージの対照性は、実はシオニスト自身がかなり意識していたことでもあった。

では、この二種類のユダヤ人のあり方は具体的にどのようなものであり、またベギンのようなタイプのユダヤ人が新たに生まれたのはどのような経緯によるのか。

次章では、まずこのことを考えていくための理論的な視座を整理していこう。

第一章

内なる国際関係

自己のなかの複数の民族

1　リベラリズムとリアリズム

メナヘム・ベギン

メナヘム・ベギンは、第一次大戦開戦の前年にあたる一九一三年、当時はロシア帝国に属していたブレスト・リトフスクで、材木商を営むユダヤ人のもとに生まれた。「ベギン」という名字は、ベギンの父によると、ポーランド人に対する反感のため、「走者」を意味するロシア語の「ベグン」からつけたものだという（Shilon 2007, p. 17. 以下、ベギンの軌跡についても、同書（ヘブライ語）を参照）。ポーランド・ナショナリストは支配者のロシア人やロシア語を嫌う場合が多かった。ロシア人とポーランド人の双方に対するこの微妙な態度については本書でも一つのポイントになる。

熱心なシオニストだった父の影響で少年時代からシオニズムに傾倒していたベギンは、ワルシャワ大学を卒業後、先のジャボティンスキーが率い、軍事主義が顕著なシオニストの青年組織「ベタル」に入隊すると、第二次大戦前夜にはその指導者となった。

大戦中にベギンはソ連軍に拘留されたが（左の写真はそのときのもの）、そこから逃れて一九四二年にはパレスチナに移住した。シオニスト地下組織を率いたベギンは、「委任統治」を続けていたイギリスに牙を剝き、終戦後の一九四六年にはイギリス軍の司令部が入っていたエルサレムのホテルを爆破するテロ事件を起こす。

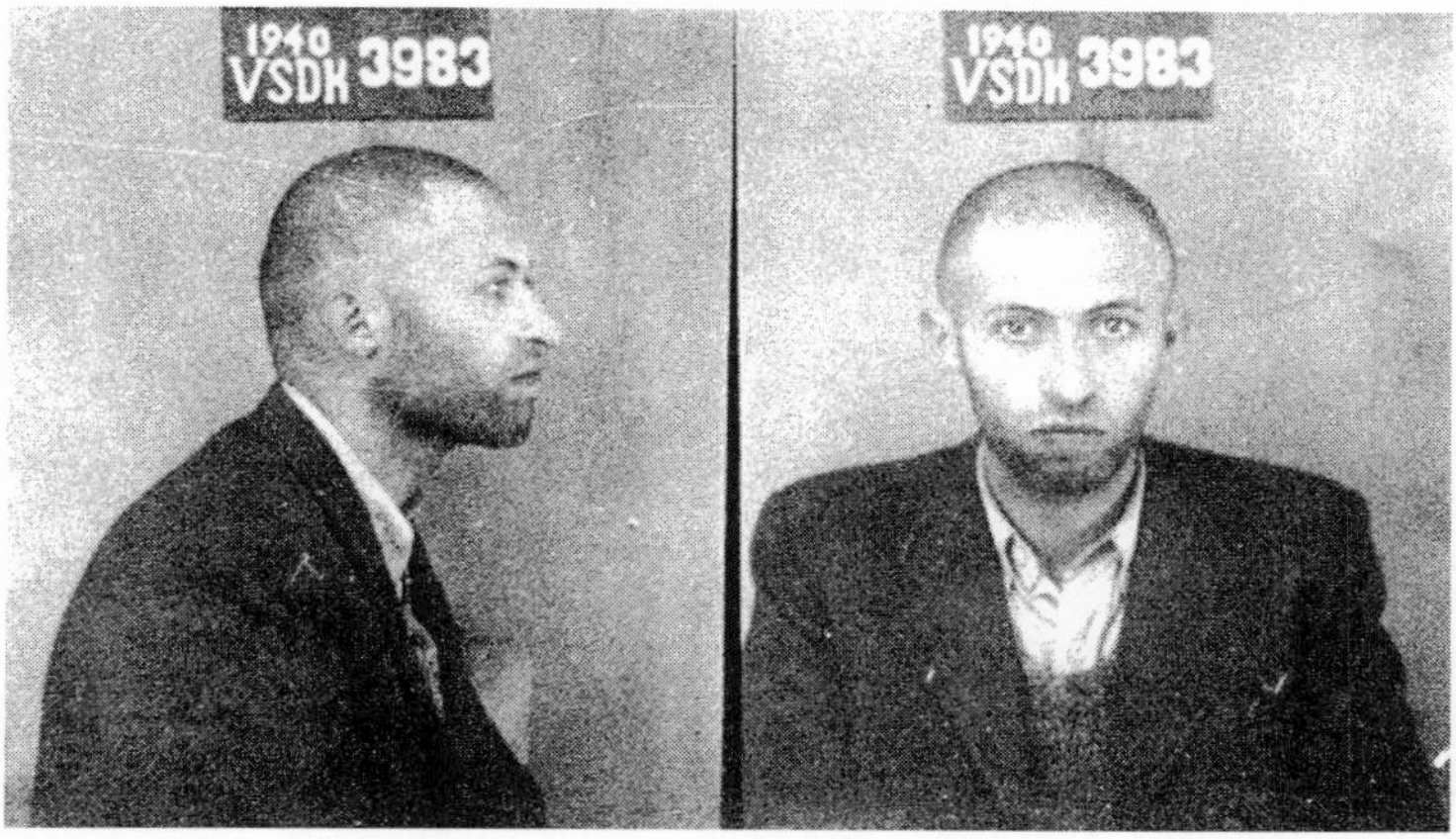

ベギン

さらに一九四八年にイスラエルが独立宣言を出す直前、彼が率いていた地下組織イルグンは、パレスチナ人のあいだで悪名高いデイル・ヤスィーン事件を起こし、多くのアラブ系村民を虐殺した。

しかし、建国後のイスラエルで政治家となり、政権を獲得するにいたったベギンは、アメリカの仲介のもと、建国以来イスラエル最大の敵だったエジプトとの和平を推進し、一九七八年にキャンプ・デーヴィッド合意を締結してノーベル平和賞を受賞するにいたる。

彼が率いた政党「リクード（統一）」の現在の党首は、イスラエル首相ビンヤミン・ネタニヤフ（一九四九年生）であり、彼もまたイスラエルの国防を強調している。

軍事力を重視し、自衛を第一に掲げながらも、攻撃一辺倒ではなく、外交による敵との妥協も時に交えていくベギンの姿勢は、「リアリズム（現実主義）」と呼ぶにふさわしいだろう。タカ派のネタニヤフ政権も、水面下では、イランを共通の敵として、サウジアラビアなどとのつながりを深めている。また、UAEやバーレーンとの国交を樹立したことは記憶に新しい。

リアリズム

本書でいう「リアリズム」とは、国際関係論を中心に政治学系の社会科学で用いられる意味であり、文学や芸術における写実主義の意味ではない。また、一般に用いられるような、理想の追求を忌避し、実現しやすいことから手をつけていくような姿勢とも少し違う。

国際関係論におけるリアリズムは、ある特定の「現実」を前提とした立場である。そもそも人間が認識できる現実はきわめて限られているので、あくまでも何らかの概念や予断によって切り取られた「現実」にすぎないことに注意したい。

では、リアリズムはどのような概念や予断、あるいは認識や思考に基づくのか。国際関係論のハンドブックによると、リアリズムは次の四点を国際社会の前提とする。

(1)集団主義（国際政治は国民国家単位で動く）
(2)エゴイズム（個人や集団は自己の利益のために動く）
(3)アナーキー（国際政治は無政府状態である）
(4)パワー・ポリティクス（国際政治は力と安全保障についての政治に基づく）（Reus-Smit and Snidal (eds.) 2008, p. 133. 括弧内は筆者による要約）

「集団主義」とは、次に説明するリベラリズムが個々人の自由を出発点とするのに対して、国家などの集団そのものの動き、集団同士のダイナミズムを重視するという意味である。

「エゴイズム」とは、周りがよくなることで自分も得をするという回り道を考えるのではなく、他者との関係は一旦切り離して、まずは自分の利益を最短距離で確保していくことを意味する。

そして、世界はそうしたエゴイストの集まりにすぎないと考えるので、国際政治はアナーキーだと捉える。また、諸個人や中間団体、あるいは国家を超えた組織といった様々なレベルの細かな調整や対話はあまり効果が期待できないと考えるので、一番わかりやすいパワー・ポリティクスしか信用しない、というわけだ。

つまるところ、集団（一般には国家だが、本書では「民族」が相当する）としての「自給自足」が基本だとするのがリアリストの姿勢である。そのため、リアリストは、自集団を唯一の基軸として現実を見通しながら、自らの生存を、他との関係と一旦切り離して模索していく。こうした発想は、自集団と他集団を明確に区別するため、序章で示したように、軍事主義との相性がよい（リアリストがみな軍事主義者であるわけではもちろんなく、一般には、明白な軍事主義者は少数派である）。

ベギンは、「ユダヤ民族」という集団を設定したうえで、その生存のために他者との関係構築よりも自衛を徹底した。そうしてイスラエル国家が軌道に乗った後、いたずらに軍事的緊張を続けるのは得策でないと判断し、エジプトと和平を結んだのである。

リベラリズム

だが人間社会では、「自給自足」にこだわりすぎて自己を他者に対して閉ざしてしまうと、むしろ自分自身が立ち枯れてしまう場合がある。

典型例は商店だ。シャッターを閉め続ければ、万引きは確実に防げるが、一向に儲けは生まれない。予測しがたい様々な客に開かれていることが多くの機会を呼び込み、それによって多少の損失があっても最終的には利益が上回る。

国際関係論においてリアリズムの好敵手に位置づけられてきたリベラリズム（自由主義）の基本的視座は、このようなものである。

今日、一般には「リベラリズム」の意味は拡散しており、道徳的規範や寛容を重視する立場として理解されることが多い。国際関係論でも、それに近い立場がリベラリズムと呼ばれる場合がある。しかし、経済的なつながりの強化を通じて平和を模索するリベラリズムの理論（「市場リベラリズム」と呼ばれる）と実践にも厚い蓄積があり、第二次大戦直前のようなブロック経済の乱立ではなく、自由貿易によって互いに発展していくことを目指すＷＴＯ体制はその典型だろう。

こうした意味でのリベラリズムでは、複数の国家同士が特に経済面で複雑な相互依存関係にあるため、いずれにとっても戦争は得策ではなく、非現実的な選択だと見なされる。ある程度他国に対して開いてこそ、自国は持続的に発展していくのであり、鎧をまとって他者に対して自己を閉ざしてしまうことは、逆に自らを追い込んでしまうというのがリベラリズムの基本的な前提である。

先の引用でベギンが突き放していた、「厳しい現実」を「知らなかった」ユダヤ人たちは、実際には現実の何もかもを知らなかったわけではない。このリベラリズム的なノウハウも、本書で見ていくように、それなりに持ち合わせていたはずだ。というより、ユダヤ人が二〇世紀もの長期間にわたって、自前の国家を持たずたびたび迫害に遭いながらも生き延びることができたのは、そうしたノウハウに長《た》けていたからだといえる。

「女らしい」リベラリズム

こうした対比から大局的にユダヤ史を概観するなら、ベギンが唱えたのはリベラリズムからリアリズムへの転換ということになる。それはつまるところ、他者に対する自己の開き方／閉じ方に関するモードの切り替えである。

ただしここで注意したいのは、本書が提示するのは、それまで周囲と仲良くすることで利得を手にしていたユダヤ人が、利得がなくなった、あるいは周囲が仲良くしてくれなくなったために孤立していき、自給自足の道を歩むようになった、というような単純な話ではないということだ。「ユダヤ人」として自給自足の道を歩むようになったのがシオニストであることは間違いないが、それ以前には、単に周囲と仲良くしていたというにとどまらず、自己（自集団）と他者（他集団）の捉え方そのものが異なっていたのである。

どういうことか。

序章でボヤーリンらの議論に従って示した「女らしい」ユダヤ人というのは、単に周囲と仲良くするタイプの「男らしい」ユダヤ人ではない。「男らしい」ユダヤ人は、あくまでも自己の壁を高く築いて周囲と自己を一旦遮断したうえで周囲との関係を探る。それに対して、ボヤーリンらのいう「女らしい」ユダヤ人は、自らを無防備にして他者（の一部）を自己に取り込む代わりに、自らも他者の懐に入り込むことで生き延びようとする。

リベラリズムでも、国家や民族という概念に引きずられすぎると、どちらかといえば「男らしい」人々が互いに仲良くする道を探るというような話になることがある。諸民族や諸国家は協調したほうが相互の利益になるので協調が生まれるという論法は、「民族」や「国家」を与件としてしまっている。それは結局のところ「民族」や「国家」という概念で人々のあいだに高い壁を設定してしまっているのだ。

それに対して、そもそも自集団と他集団の区別を、部分的にではあれ曖昧にする形で秩序を考える道もあるはずだ。本来国家よりも個人を重視するリベラリズムにあっては、こうした道が議論される余地は大きいが、昨今では少なからずリアリズムの議論に引きずられてしまっているように見える。

第三章で登場するリベラリストは、性別でいえば全員男性だが、まさにボヤーリンらのいう意味での「女らしい」タイプに近く、ユダヤとロシアの「相互乗り入れ」を考えていた。

本書のポイントは、周囲と仲良くするか否かということよりも、自己と他者の境界をどのように捉えるかというところにある。

以下では、「女らしい」ユダヤ人というあり方は、理論的にはどのようなものを指すのか、他者と「相互乗り入れ」するとはいかなることなのかを整理していこう。

2　自己を分解して考える

「民族」と「個人」を分解する

繰り返しになるが、本書は、軍事主義と親和性を持つ、自集団と他集団を明確に分ける発想がなぜ生まれたのかを問うている。

リアリストの発想が典型的にそうした種類のものであることはすでに述べたことから理解できるだろう。また、（自称）リベラリストであっても、「民族」という概念を重視しすぎるとそこに近づいてしまうというのも先述の通りである。

それに対して、シオニズム以前のユダヤ史に目を向けるとき、自他の区別が明確化した民族概念よりもう少し緩やかな形で「ユダヤ人」が想定されていたことに思い至る。

それが具体的にどのようなものなのかを理解するためには、「民族」から「個人」の単位にまで目線を下げる（＝分析単位をミクロにする）というリベラリズムの基本を押さえるだけでなく、個人が持つ自己の諸側面という単位にまで一気に下げていく必要がある。本書のキーワードである「内なる国際関係」とは、このレベルの議論である。

国際政治レベルから心理学レベルにまで一気に飛躍するようだが、このレベルから議論を変えていかなければ、すぐに「民族」やそれに準じる単位で議論をしてしまう、我々に染みついた思考の習慣からはなかなか抜け出せない。そこから抜け出せないかぎり、ボヤーリンらの議論もいまひとつ理解できないし、自集団と他集団を明確に分ける発想の何が特異なのかや、そこに至る変化の過程もよくわからないだろう。

ユダヤ人のなかのユダヤ人ではない部分

では実際にユダヤ人の自己、より正確には「ユダヤ人」と呼ばれる人・自称する人の自己を分解してみよう。それは、自己のどこからどこまでがユダヤ人なのかを問うことと言い換えられる。

自己の一〇〇％がユダヤ人だと考えている者にとって、他者は常に自己と一〇〇％異なる存在である。他者を傷つけても自己は一切傷つかない。一方、自己の五〇％はユダヤ人だが、残りの五〇％は他者——例えばロシア人——だと考えている者にとって、いわゆるロシア人（民族的ロシア人）は完全な他者とはいえない。彼／彼女を傷つけることは自分のなかの五〇％を傷つけることになる。

一般に、人間の自己は多面的である。あらゆる側面がユダヤ的であるというのは、反ユダヤ主義者か狂信的なユダヤ民族主義者の思い込みを別にすれば、現実には考えられない。

実際には、いかなるユダヤ人もしばらく食事を控えると空腹を覚えるし、近親者が死ねば悲しいし、いいものが安く手に入れば嬉しい。これらは人間に共通する側面だ。

あるいは、ロシア文学に感動し、それをどこかで自分の糧にする。休日は演劇を観に出かける。これはロシア人と共通する側面である。

子どもが泣けばあやそうとする。子どもが悪いことをしたら叱ろうとする。これは親としての側面である。

そうしたなかで、安息日《シャバット》になると家族と食事を共にし、シナゴーグ（会堂）に出かけ、豚やエビは食べない。このような一連の流れのなかでユダヤ人としての側面がふと顔を出す。

つまり、「ユダヤ人」というのは、自己（self）のなかに含まれる一つの側面（aspect）なのである。人によって、その側面が自己のなかに占める割合の大小は異なるだろうし、人生のなかの、あるいは一日のなかの局面によっても変わりうる。どんなにユダヤ的側面を重視しても、空腹時には背に腹は替えられない。とはいえ、できるかぎりユダヤ教の食物規定に則って食事をしようとするかもしれない。

個人のなかのユダヤ的側面がその人自身や周囲の人間に何らかの大きな意味を持つとき、その人はユダヤ人と呼ばれる。また、そのようにある程度目立つ形でユダヤ的側面を持つ人々が集まったとき、人はそこにユダヤ人という集団があると考える。本書に登場する「ロシア・ユダヤ人」とは、そのようにユダヤ人としての側面が際立っているにしても、基本としてユダヤ的側面とロシア的側面を、他の側面とともに備えた自己を持つ人々だと定義できる。

これまでの研究では、このようなレベルからではなく、統一体としての個人という単位から考察が始まるため、一番目立つ部分を軸にして「ユダヤ人」とか「ロシア人」と呼ばれていた人々の違いを実際よりも大きく描いてしまっていた。そのため、そうした人々がどのようにつながり合っているのかをうまく説明できず、所詮ユダヤ人はユダヤ人、ロシア人はロシア人という、まるでそれ以外にはなりえないかのような像を結果的に再生産してしまう。

もちろん、ユダヤ的側面のようなエスニックな側面は、アクセサリーのように簡単に脱着できるものではない。他人（まずは親から始まる）からそのように定義されたらなかなか逃れられないという理由もあるが、その人の自己の他の側面と密接に結びついていることも多い。

例えば、自分の子どもの教育をユダヤ教に沿って進める場合、親としての側面とユダヤ人としての側面は不可分になる。ロシア人の企業と提携しながらユダヤ人のネットワークを活用するユダヤ商人は、ロシア的側面とユダヤ的側面を簡単に切り離すことはできない。

それでも、エスニックな側面を、その人に焼き付けられたものであるかのように固定的に捉え、それによってその人のすべてを説明した気になるような視座では、実際にはあったはずの多くの現実を見逃してしまうだろう。

マージナル・マンとハイブリッド性

エスニックな側面を複数持つ自己の存在そのものは、「側面」という用語は使わないにせよ、従来の研究でも議論されてきた。「〇〇系××人」という表現は一般にもよく用いられる。

ある程度深いレベルでこうした局面を論じた早期の例としては、アメリカの社会学者ロバート・パークが提示した「マージナル・マン」という概念を挙げられる。

これは、移民のなかで、ホスト社会と同郷者（同胞）の社会の双方に属しつつ、いずれにおいてもマージナル（周縁的）な状態にある人を指す。マージナル・マンは、二つの社会のあいだで引き裂かれ、自己が不安定化しやすい反面、それぞれの社会を、それぞれの中心にいる人々とは異なる視点で眺める目を持つため、客観的に様々なことを吸収する傾向があるとパークは論じている。マージナル・マンの頭のなかにこそ、文明化や社会の進歩の過程の縮図があるという（Park 1928）。

近年では、特にカルチュラル・スタディーズなどの分野で、「ハイブリッド性（hybridity）」という語がエスニックな側面を複数持つ人々に適用される。

ポストコロニアル理論家として名高いインド出身のホミ・バーバは、（ポスト）植民地状況において、先住民文化を持ちつつも宗主国文化を模倣することで次第に宗主国の文化的ヒエラルキーをずらしていくような、特にエリート層の先住民の特質を、ハイブリッド性という語で形容している（バーバ二〇〇五）。

3　諸側面の関係性

ハイブリッド性の構造と動態

これまでの研究では、そのような存在を次々に発掘していくことや、ハイブリッドであることが文化や社会にどのような結果をもたらすかという点に関心が集中してきた。

だが、ハイブリッド性の諸要素、つまりエスニックな諸側面が相互にいかなる関係性を結びうるのかという「内なる国際関係論」はほとんど展開されてこなかった。

ロシア・ユダヤ人の例でいえば、ロシア的側面とユダヤ的側面は自己のなかでどのように折り合いがつけられているのか、またそれは各側面の特質や社会状況とどのように関わるのか、といった問いは掲げられてこなかったのである。

例えば、先に言及した、ロシア人の企業と提携しながらユダヤ人のネットワークを活用するユダヤ商人は、そうしたあり方がうまくいっている限りは、自己が持つロシア的側面とユダヤ的側面の折り合いをつけやすい。だが、ポグロム（主にユダヤ人を狙った虐殺・略奪事件）が吹き荒れ、反ユダヤ主義が蔓延したら、両側面は自己のなかで共存しにくくなる可能性が高い。

自己複雑性と側面同士の関係性

このように、自己のなかの諸側面は、自己の意のままに操れるわけではなく、自己の外部を含めた様々な関係性のなかで絡まり合っている。だから、諸側面同士がどのように関係し合っているのかという次元にも光を当てなければならない。

心理学では、多面的な自己は「自己複雑性」という概念で知られてきた。

心理学者パトリシア・リンヴィルによると、自己は、例えば弁護士や同僚、父親、ハードワーカー、男性、ベジタリアンといった様々な側面を持つ。

リンヴィルはそこからユニークな説を展開する。側面の数が多かったり、側面同士の区別がはっきりしていたりする自己は、「複雑性の高い自己」と定義される。この複雑性は、鬱症状の発症のしやすさと関係があるという。彼女の説では、自己の複雑性が高い人ほど、一つの側面に対するダメージが自己に及ぼす割合が限定的であるため（つまり、リスクが分散されているため）、鬱になりにくい(Linville 1985)。

例えば、リンヴィルが挙げている人物でいえば、弁護士として失敗したとしても、弁護士としての側面と父親としての側面が明確に区別されているかぎり、家に帰れば子どもに癒やされ、自己全体へのダメージは限定的になる。一方、弁護士一筋であったり父親としての側面との区別がはっきりしていなかったりする人（例えば、弁護士としての背中で我が子を育てようと考える人）は、弁護士としての失敗のダメージは自己全体に波及してしまう。

こうした知見に対しては、むしろ自己複雑性が高いと、それだけ各側面を統率するための負荷が高くなるためにかえって鬱になりやすいとする研究、あるいは、諸側面がネガティヴなものだと、その集積はやはりネガティヴなものになるとする研究も提出されており（詳細は、木谷・岡本 二〇一六を参照）、複雑性の高さと鬱の関係性について明確な結論はまだ下されていない。

いずれにしても、自己のなかの様々な側面は時として相互に大いに影響し合い、それが自己全体の方向を左右する要因になりうるということは、こうした研究から十分に予想されるだろう。

先のユダヤ人の例で考えると、ユダヤ的側面、ロシア的側面、人間としての側面、親としての側面は、状況によって対立することもあれば両立することもあるし、あまり関係しない場合もある。

例えば、食料が極端に不足した場合、空腹を満たしたい人間（生物）としての側面と、子に食料を与えたい親としての側面は自己のなかで葛藤することになる。あるいは、ユダヤ・ネットワークを活用して、ロシアのなかのある町全体が経済発展を遂げた場合、ユダヤ的側面とロシア的側面は結びつきを強めるだろう。一方で、家のなかで安息日《シャバット》の食事を家族と共にすることは、自らのロシア的側面には特に干渉しないかもしれない。

以上を要約すると、人間について考える際には、次の二点に注目しなければならない。

(1)自己には複数の側面がある。

(2)複数の側面はお互い無干渉に同居しているだけとは限らず、相互に影響し合うことがあり、その成り行きによっては自己が全体として大きく突き動かされる可能性がある。

4　関係性の主要なパターン

では、側面間は具体的にどのような関係性を結ぶのだろうか。主に次の五つのパターンが考えられそうだ。ユダヤ人以外の事例も適宜参照しながら整理していきたい。

併存型

まず考えられるのは、様々な経緯のなかで偶然二つの側面が一つの自己のなかに同居しているが、二つのあいだには特につながりも衝突もないというパターンだ。この場合、側面同士がお互いを高め合うこともなければ、側面同士の折り合いのつけかたに苦労する必要もないだろう。

ロシア・ユダヤ人でいえば、ロシア帝国で活躍した啓蒙主義者（マスキル）のヘブライ語詩人であり、ロシア語・ドイツ語・ヘブライ語でジャーナリスト活動も行っていたユダ・レイブ・ゴルドン

（一八三〇―九二年）が典型例として挙げられる。彼は一八六二年または六三年に著わしたヘブライ語の詩「目覚めよ我が同胞！」において、次の有名なフレーズを唱えた。「通りでは人間として、家ではユダヤ人として生きよ」。

この詩のなかに「ロシア」という語は登場しないが（「ヨーロッパ」は登場する）、「人間」は必ずしもコスモポリタンのような意味ではなく、実質的にはロシア人が含意されている。というのも、彼は、ドイツ発のユダヤ啓蒙主義（ハスカラー）の教えに従って、居住国家の言語や文化を身につけて忠誠を誓うことがユダヤ人に啓蒙をもたらすと説き、ロシア語とヘブライ語のバイリンガルを推進しようとしたからだ[1]（Stanislawski 1988, pp. 49-52）。先のフレーズも、ユダヤ啓蒙主義の創始者とされるモーゼス・メンデルスゾーン（一七二九―八六年）が発したものである。

その意味で、ゴルドンの自己のなかには、ユダヤ的側面のみならず、ロシア的側面が一応備わっていたと見ることができる。それでも、両側面の関係性については、彼の居住国家が偶然ロシアだったということ以上に必然的なものは見当たらない。居住国家がドイツだったら、彼はドイツ文化やドイツ国家への忠誠について論じていただろう。まさに、外ではロシア、内ではユダヤ、という格好で両者の棲み分けがなされていた、つまり併存していたのである[2]。

融合型

側面同士が相互にあまり干渉しない併存型の場合、側面間の境界は明確に引かれている。

それに対して、側面間の境界が曖昧になり、融合していく場合もある。一応もともとは別物であることは意識されているが、明確に区分けするのが難しいぐらい絡まり合うという状況である。音楽でいえば、「フュージョン」としてカテゴライズされる、ジャズとロックなどの融合物に喩えることができるだろう。

ロシア・ユダヤ人でいえば、いまやロシアやユダヤを超えて世界的な画家として著名なマルク・シャガール（一八八七―一九八五年）が、少なくとも彼の絵から読み取れる限りでは、典型例として挙げられる。

シャガールはロシア帝国のベラルーシに生まれ、当時は特権的なユダヤ人しか居住できなかった帝都サンクトペテルブルクで学んだ。彼の描く絵には、ユダヤ的要素とロシア的要素、あるいはキリスト教的要素、さらにいえばフランス的要素が混在しているが、絵として見事に調和している。

ドイツ・ユダヤ人に関しては、発見されている例はさらに多い。

一九世紀のドイツ・ユダヤ人のなかには、ドイツ文化の至高形態である「教養（Bildung）」をユダヤ人が担っているという自負を持つ者が出現していた。彼らはドイツ人の隣人に完全に同化したわけではないが、ユダヤ人としての独自性をあえて保持し続けようとしていたわけでもない。むしろ、将来のドイツの、少なくとも文化的な意味での中核を自分たちこそが養成していくとの意識を持っており、そこにユダヤ人の知性も融合していくものと考えていた（Mendes-Flohr 1999, pp. 8-16. モッセ 一九九六も参照）。

極論すれば、それはユダヤ人こそが良質なドイツ文化の担い手になるという意識である。この場合、ドイツ的側面とユダヤ的側面は、現状では一応別のものとされながら、区別は非常に曖昧になっており、多くが重なり合っていた。

ユダヤ人以外の事例では、ラテン・アメリカやフィリピンのメスチーソと呼ばれる人々が当てはまりやすいだろう。メスチーソはスペイン人とラテン・アメリカないしフィリピンのローカルな人々とのダブルとされる人々である。何世代にもわたっている今日にあって、双方の側面を明確に区別して持ち続けている場合はきわめて少ないと予想されるが、一応ダブルであることは意識され続けているので、辛うじて二つの側面が保持されているといえるだろう。

東南アジアにおけるプラナカンと呼ばれる華人系の人々のなかにも、この型に分類できる人々が含まれているだろう。彼らは一五世紀から数世紀にわたって中国からマレー地域に移住した人々の末裔だが、中国とのつながりのなかに自己を位置づけることは少なく、あくまでも現地に根づいていることを強調している。

特に、いわゆる先住民と婚姻を繰り返すことで文化的には現地化しつつ、ある程度華人にルーツを持つ者としてまとまっている人々の自己では、華人的なものとそうでないものの区別は困難だが、いわゆる先住民とも異なる集団として意識されている。

もっとも、華人的な側面をさらに意識して、二つの世界に跨がる者として自己定義する人々もプラナカンのなかにはいるため、すべてがこの型に分類されるわけではない。彼らは併存型か、後述の相補型に分類されるだろう（篠崎 二〇一七、序章における整理を参照）。

不協和音型

一九世紀も終盤になると、ドイツではユダヤ人のドイツ化が進んだことへの反動、ならびにドイツ・ナショナリズムの発展にともなって、反ユダヤ主義が激化していった。ドイツ人の歴史家ハインリヒ・フォン・トライチュケは、「ドイツの土壌に二重のナショナリティは存在しえない」と述べ、ドイツ民族のエスニックな性格を強調した（Mendes-Flohr 1999, p. 18）。こうした観点を内在化した場合、ドイツ的側面とユダヤ的側面が自己のなかで共存することは困難になり、常に緊張状態に置かれることになる。

このような状況では、併存型の自己であれば、ドイツ的側面かユダヤ的側面のどちらかを捨て、ドイツを離れるかドイツ人に完全に同化するかという選択をすることができるかもしれないが、融合型のように両側面が分かちがたく重なり合っていると、そのような処理も困難で、自己のなかでひたすら不協和音が鳴り響くことになってしまう。

その結果生じた痛ましい例として挙げられるのが、鼻を整形したユダヤ人である。

鼻の近代美容整形手術の創始者であるドイツ・ユダヤ人（あるいはユダヤ系ドイツ人）のジャック・ヨーゼフ（一八六五―一九三四年）は、ユダヤ人の特徴とされていた「かぎ鼻」の手術を多数手がけた。手術を受けた者の詳細は知られていないが、おそらく、ドイツ人としての意識を強く持つ一方で、自らがユダヤ人に起源を持つことも意識し、その痕跡を外的に消し去るために手術を行った者が少なからずいたと見られる（ギルマン 一九九七、第七章）。

彼らはユダヤ出自を自覚していた点ではドイツ的側面と併せて二つの民族的側面を持っていたが、

ドイツ的側面にとってユダヤ的側面は足枷になると考えたのである。ドイツ人がマジョリティである社会では、ユダヤ人を否定的に捉え、しかも鼻の形などの外見で嗅ぎ分けようとする雰囲気があったのだから、そう考えるのも無理はない。

ユダヤ人以外の例では、第二次世界大戦時アメリカの日系人が挙げられる。彼らは、特に二世以降の場合は日本語を含めて日本的なものがはっきりとした側面として自己に位置づけられているわけではなくても、周囲から日本とのつながりを疑われ、収容所に送られた。この場合、アメリカ人としての側面に溶け込んでしまって明確な輪郭を描けない日本人としての側面は、アメリカ人としての側面とのあいだで不協和音を奏でることになる。

日本でも、過去の遺産や日韓関係・日朝関係に振り回されやすい（元）在日コリアンにこうした例は見出されやすい。典型的な例としては、かつて自民党の国会議員として活躍し、当人は自らを日本人と強く自覚しつつも、両親が朝鮮半島出身であるために周囲がそう見なさなかったことで苦悩した新井将敬の例を挙げておきたい。彼は進んで日本国籍を取得し、思想的にも日本の保守ナショナリストそのものだったが、出自をたびたび指摘され、居心地の悪さを感じていた。最終的にはスキャンダルを機に孤立し、自ら命を絶っている（朴 一九九九、一七〇―二〇一頁）。

矛盾型

同じく二つの側面が緊張関係にありながら、側面間の区別がもっと明確な場合もある。

ユダヤ人に対する集団的な襲撃＝ポグロムが激しくなった時期のロシア・ユダヤ人はこのタイプに

当てはまりやすい。不協和音型と比べると、側面同士の引き剥がしは容易で、実際、迫害等の結果として移住を選択したユダヤ人は少なくなかった。

しかし、矛盾を抱えたままとどまる場合も決して少なくはなかった。ロシア・ユダヤ人でも、実際には移住しなかった人口のほうが多い。ユダヤ人に対する風当たりが強い状況では、彼らはロシア社会とユダヤ社会を渡り歩きながらも、常に気まずさを抱える。ポグロムが吹き荒れてからしばらくは、ユダヤ人であることを隠そうとしただろう。ソ連時代に入ってからも、宗教が弾圧されると、敬虔なユダヤ教徒の場合なら、ユダヤ教をいわば地下で実践しつつ、地上ではよきソ連国民として振舞うという綱渡りを強いられることになる。

シオニストになったユダヤ人は、しばしばユダヤ人としての側面と他の側面との矛盾を訴えていた。シオニストのヘブライ語作家として名高い、ウクライナ生まれのミハ・ベルディチェフスキーは、一九〇〇年から〇三年のあいだに書いたとされるテクストのなかで、ユダヤ人のなかの二つの「極」の関係について次のように書いた。

我々は断片に引き裂かれている。一つの極では、異民族のなかでイスラエルの家を残すという危険を冒しながら、自らの心と精神を彼らに捧げ、自らの強みを異邦人に提供する。もう一つの極では、敬虔な人が暗い洞窟のなかに座って、神に命じられたことに従い、またそれを守っている。そのあいだに立つ啓蒙家は、二つの顔を持つ。半分は、日常生活と思考において西洋的である。もう半分は、シナゴーグのなかで、ユダヤ的である。民族が崩壊しているなかで、我々の活力は分散してしまっている。

このように異民族と自民族、あるいは西洋的なものとユダヤ教的なもののあいだでユダヤ人は板挟みになっていると考えたベルディチェフスキーは、「我々は抽象的なユダヤ教によるユダヤ人であることをやめ、我々自身の、生きて発展していく民族としてのユダヤ人にならなければならない」と呼びかけた（Berdichevsky 1997, p. 294）。

矛盾型に分類されうる有名な例として、アメリカの社会学者にして公民権運動の指導者であったW・E・B・デュ・ボイス（一八六八―一九六三年）が提起した「二重意識（double-consciousness）」についても紹介しておきたい。

デュ・ボイスはこの意識について次のように象徴的に述べている。「黒人（the Negro）」は「絶えず自らの二面性を感じている――アメリカ人と黒人、二つの魂、二つの思考、二つの調和できない奮闘、二つのいがみ合う理想、これらが一つの黒い身体にあり、不屈の頑強さのみが、それがバラバラになるのを抑えている」（Du Bois 2017, 73/2890）。

このような自己は、その矛盾を解消すべく、自己や環境の変革を求める。シオニストは、みなが初めからベルディチェフスキーのように明確に矛盾を感じていたわけではなかったが、最終的にはこのタイプに行き着く場合が多かった。

相補型

しかし、それとまったく逆のタイプがあったことは、矛盾型に行き着いたシオニストのあり方を別の角度から考えるうえでも重要である。

第四章で見るように、実は過渡期のシオニストにもこのタイプに近い者は存在した。相補型は、矛盾型や併存型のように側面間の区別が明確でありながら、相互に親和的で補完関係にある、さらにいえば、お互いがお互いを引き立て合うような関係性を持つ。

ロシア帝国では、次章で見るように、実はユダヤ人の経済的役割に期待がかけられることがあったため、このような関係性が生まれやすかった。そうした状況下では、ユダヤ人はロシアを自らが活躍する舞台として捉えることができ、ユダヤ的側面を持つことは、それらの国で具体的な役割を持つことを意味するからである。

つまり、例えばロシアで活動する場合、ロシア的側面を持つことが必要だが、同時に、ユダヤ人のネットワークとつながるユダヤ的側面を持っておくことはロシアという場における可能性を広げると思われ、ロシアもそれを望んでいたと考えられる。

次章以降、特に第三章でユダヤ人の具体例を詳しく紹介していくので、ここではユダヤ人以外の典型例を挙げておきたい。「コサック」と呼ばれる人々である。[3]

コサックは現在、ロシアの人口統計では、「ウクライナ人」や「タタール人」、「ユダヤ人」などと同格のものとして「ロシア人」の下位分類または「ウクライナ人」や「カルムィク人」と一括して集計されている（コサックにもいくつか種類があるとされるため）。「ロシア人」の下位分類としてのコサック人口は二〇一〇年現在、六万七五七三人である。[4] 下位分類なので、公式にはいわゆる民族とは区別されているが、系統が異なる人々であるという認識は内外である程度共有されている。「コサック」は「放浪者」、「冒険者」を意味するトルコ語に由来する。元来は南ロシア、ウクライナ、シベリアなどで活躍した騎馬戦士集団で、それに逃亡農民なども加わって裾野が広がっていった。

ロシア政府はコサック上層部を懐柔しつつも自治は抑制し、コサックを軍事身分に転化して非正規軍として管理するようになっていった。二〇世紀初めのコサック総人口は約四四二万人だったが、そのうち約二九万人が軍務に就いており、日露戦争や第一次大戦でも活躍した（『ロシアを知る事典』二六一―二六二頁）。

革命後、コサックの多くはいち早くツァーリを支持し、白軍に付いて戦った。そのため、ソ連体制下でコサック身分は否定され、行政上もコサック領地は解消された。ソ連時代には、コサックは歌やダンスといった文化の次元でしか生き残らなかった（植田 二〇〇〇、一九〇―一九四頁）。

その後、ソ連解体期にコサック軍団のいくつかが再興し、自治を求める動きもあった。その一方でチェチェンなどの紛争ではロシア側を支援するなど、今日でもコサックはロシアへの忠誠心が強い（『ロシアを知る事典』二六二―二六三頁）。

では、彼らがロシア・ナショナリズムに結びつくのは、どのようなメカニズムによるのか。B・スキナーによると、現代のコサック・アイデンティティのポイントは次の三点である（Skinner 1994, pp. 1024-1034）。

(1)ロシア国家への軍事的奉仕
(2)伝統的なコサックの価値（ロシア正教、同志への敬意、規律など）
(3)ソ連時代の被抑圧の記憶

いずれも、ロシア（的なもの）がなければコサックも存在できないことを示している。

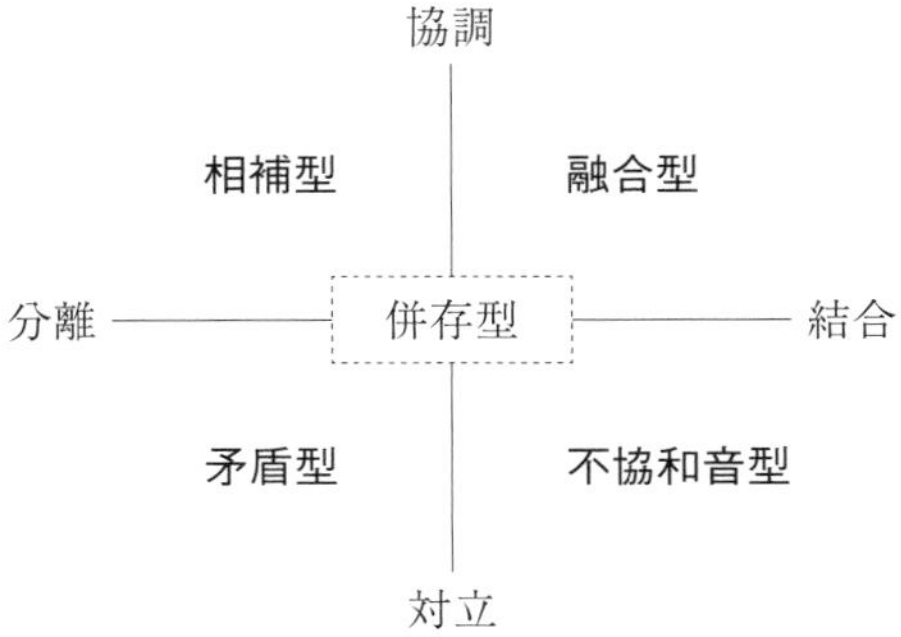

表1

一九九〇年のある会合では次のことが宣言された。「我々は常にロシアの故郷の防人で、我々の母国の保守者だった。〔…〕我々の歴史はこの国全体の歴史を反映している」。今日、コサックのある部隊に入隊する際には、「私の偉大なる母国ロシアの忠実な息子となること」を誓わなければならないという(ibid., pp. 1025-1026)。

つまり、「コサック」という概念のなかに、すでにロシア的側面とコサック的側面が不可分の関係として同居しているのだ。コサック的側面を持つ者は、ロシアのメンバーという側面を同時に持つことによって、自己が安定し、生き生きとする。しかしもし、例えばアメリカに移住し、アメリカ社会に統合されることを目指すなら、コサック的側面とアメリカ的側面（ア

併存型 （alternating type）	各側面は必ずしも相互参照されることなく併存し、場面による使い分けがなされる。
融合型 （fused type）	境界は曖昧で、第三のものを作り出しつつあるが、異種混交的であることが自覚されている。
不協和音型 （dissonant type）	境界は曖昧で重なり合っているが、調和が取れておらず緊張している。
矛盾型 （contradictory type）	相互に区別される各側面は矛盾するため、自己に葛藤をもたらす。
相補型 （reciprocal type）	各側面は相互に自律しつつ、それぞれの特性が相互に補完し合う関係にある。

表2

メリカのメンバーとしての側面）は、大いに矛盾することになる。

　コサックは、いわゆるロシア人が持たないエスニックな側面を持っている。しかし、それはロシアへの忠誠心がその分薄まることを決して意味しない。むしろ、ロシアがなければ成り立たないコサック的側面を持つからこそ、ロシアへの忠誠心は、おそらく大半のロシア人よりも強くなるし、自らがロシア国民でもあることについて何ら違和感を持たない。ロシアは、コサックが活躍するために必須の舞台なのだ。

二つの軸

　以上に概観してきた側面間の関係性を改めて整理すると、表1のように二つの軸で分けることができる。

　一つ目の軸は、側面間の親和性、つまり協調的か対立的かという軸である。もう一つの軸は、側面間の相互浸透性、つまり二つの側面のあいだの境界が明確なのか、それとも曖昧で重なり合う方向にあるのか、という軸である。その四象限に対応する四つの型と、協調・対立のいずれでもなくお互いに中立的な状態で、相互浸透性については様々であると考えられる併存型の計五パターンが導かれる。それらをまとめたものが表2である。

5 関係性は何で決まるか

側面同士の関係性に関する以上のパターンは、決して固定的ではない。あるパターンから別のパターンに移行することもあれば、比較的短期間に何度も変化することもありうる。では、何が側面同士の関係性に影響を与えるのだろうか。

側面の文化的特質

まずは、側面の文化的特質同士の相性が考えられるだろう。

例えば、次章以降で明らかになるように、ロシア・ナショナリズムはロシアの多民族性を前提とすることが多いが、ドイツ・ナショナリズムは、それと比べると、ドイツ人をエスニックな（血統的な）意味で捉える傾向が強い。したがって、ロシア的側面はユダヤを含む他のエスニックな側面と矛盾しにくいため、直ちに緊張関係になることはない。一方、ドイツ的側面は、ユダヤに限らず、他のエスニックな側面と両立しにくい傾向があるだろう。

コサックの場合、ロシアという概念の包括性にくわえ、コサックという概念が防人という意味合いを強く持ち、かつ、「ロシアの」という限定がつくことから、ロシア的側面と相性抜群である。

しかし、公式の、あるいは社会のマジョリティが認識している民族概念に、すべての個人が必ず忠実に従っているわけではないことに注意しなければならない。ロシアにもロシア人概念を狭く捉えるエスノ・ナショナリストはいるし、ドイツにおいてより広くドイツ人概念を捉えようとする向きは少なからず存在してきた。だからこそ、ユダヤ人は「教養」を共通基盤としてドイツ人との融合を考えることができたのだ。

つまり、本書でいう「側面」はあくまでも自己のなかのものであり、社会のなかでの概念に影響されるとはいえ、究極的には主観的なものなのである。

ユダヤ的側面も多様で、ユダヤ人が二人集まれば三つの意見が出るというジョークはよく知られている。敬虔なユダヤ教徒もいれば、名ばかりのユダヤ人もいる。敬虔なユダヤ教徒にも様々な派がある。

一九世紀から二〇世紀にかけて、シオニストになった者も社会主義者やリベラリスト（自由主義者）になった者も、伝統的なユダヤ教共同体に嫌気がさしてそうなった者は少なくない。彼らにとってのユダヤ的側面は多分にこれから新しく作り替えるべきものであり、ロシア的側面との関係性は、それ次第でもあった。

側面とつながっている社会の特質

また、側面間の相性は、側面自体の特質だけでなく、おそらくそれ以上に、外部とのつながりや外部からの意味づけに引きずられやすい。

例えば、一人でユダヤ教を実践するのは困難である以上、ユダヤ的側面を持っている他者がユダヤをどう考えるのかを無視することはできない。キリスト教徒のロシア人と付き合ううえで、我流のロシア性を携えていてもうまくいかないだろう。

特に、社会の圧倒的多数や国家権力から付与された意味をぬぐい去るのは容易ではない。極端な例は、血統に基づくナチスによるユダヤ人規定である。そこでの「ユダヤ」はドイツやアーリア人的なものとは相容れないことをあらかじめ含意しているので、ドイツ的側面とユダヤ的側面をうまく調和させるのはきわめて困難だった。

また、社会のなかのマジョリティも、実際には決して一枚岩ではない。だから、どのマジョリティの成員と関わるかによっても側面の意味は変わってくる。ロシア政府の一部がユダヤ人に好意的だったとしても、ロシア帝国の農民や商人もそうだったとは限らなかった。後者との付き合いが多い場合、自らのユダヤ的側面はなるべく隠そうとしたかもしれない。

ロシアのキリスト教徒のあいだでも、キリストを裏切った者と位置づけて反ユダヤ的観点を持つ者もいれば、キリスト教徒だからこそユダヤ人と協調しなければならないと説く者もいた。

社会のなかの誰とつながるのかは、自己のなかでユダヤ的側面とロシア的側面が調和するか衝突するか、また、今いる場を居心地がいいと感じるか、疎外されていると感じるかにかかわっている。ユダヤ人に好意的なロシア社会やロシア人とつながっている者にとって、ロシア的側面とユダヤ的側面は親和的になりやすいが、ユダヤ人に暴力を振るうロシア人ばかりと接した者にとっては、ロシア的側面は捨て去りたいものですらあるだろう。

自己全体への効果

以上のように考えると、次のような傾向を仮説として提示できそうだ。すなわち、自己のなかの諸側面同士の関係性が相補的であればあるほど、ユダヤ人はユダヤ的側面を保持したままロシアでの現状を維持しようとし、ロシアに対する思い入れも強まる。逆に、諸側面同士が相容れない度合いが強くなれば、自己はその状態を解消しようとして何らかの行動を取る方向に向かう。

何らかの行動とは、例えば、側面の一方を消したり隠したりして自己の内部で処理する場合もあれば（極端な例では改宗）、環境を変えることで外部からの否定的な影響を軽減しようとする場合もあるだろう。環境を変えることについても、移民する場合もあれば、革命によって環境自体に変化をもたらす場合もある。

また、究極的には、自己の側面を単純化する、特にエスニックな側面に関してはユダヤに一本化して、移住したとしても、移住先で新たな側面を取り込むことはしないという判断もありうる。先に見たシオニスト作家のベルディチェフスキーが訴えていたのはそのことだ。ベギンが至ったのも同じところである。

こうした側面間の関係性についての見立ては、社会心理学の研究によってもある程度裏づけられる。

ドイツのトルコ系ムスリム市民の政治意識について調査したベルント・ズィーモンらの研究によると、ドイツ人としてのアイデンティティとトルコ人やムスリムとしてのアイデンティティの双方を持つ者のほうが、どちらかのアイデンティティに一本化している者よりもドイツという政治の場を自らの場として捉える傾向がある（Simon and Ruhs 2008）。

ただし、二つのアイデンティティのあいだに矛盾を感じている者は、過激派に共感しやすいのに対して（Simon, Reichert, and Grabow 2013）、ムスリムとしての自己がドイツ社会から尊重されていると感じる者ほど、ドイツ人に対する寛容性を示すという（Simon and Schaefer 2018）。

このことは素朴な実感にも沿うのではないだろうか。自分の特徴を認めてくれた人のことは、自分と違う特徴を持つ人であっても尊重しようと思うだろう。そしてそういう人がたくさんいる場は、自分が活躍できる舞台、あるいは何らかの役割を与えてくれる舞台だと感じるだろう。だが、自分が大切にしたい特徴を否定する人のことはよく思わない。周囲の複数の人から頻繁にけなされたとしたら、その特徴を恥じて隠そうとするか、その場から逃げ出そうとするだろうし、強く恨むようになるかもしれない。

自己の多面性から考える国際関係

このように考えると、自己の「内なる国際関係」は、決して個人的な、ミクロな次元にとどまる問題ではないことがわかる。社会的な問題であるだけでなく、エスニック／ナショナルなものが鍵を握るので、多分に国家的、さらには国際政治的な規模の問題にも関わってくる。一見すると自己のなかの葛藤にすぎない問題を、あえて「国際関係」という語で議論するのはこのためである。

一個人のなかにこのような葛藤があるのは、日常的な感覚としてはむしろよくあることだ。典型的な例としては、家族の一員としての自己と、会社の一員としての自己の葛藤が挙げられるだろう。社会学や社会心理学では、そうした自己のなかのダイナミズムは主要課題の一つになっている。

ところが、いわゆる国際関係論を含む政治学系の社会科学では、一人の人間は「個人」として一貫性を持つことが前提とされ、民族運動や独立運動の活性化として観察される現象は、似たような傾向を持つ諸個人の集合的現象として取り扱われてきた。

だが一人の人間のなかでの葛藤というレベルから紐解いていかなければ、多くの限界とともに様々な可能性も同居していたベギンの同時代において、ユダヤ人が何を見てどのような選択をしていったのかを理解することはできない。

同じ条件のなかから、シオニスト――といってもいくつも種類があるが――になった者、アメリカに移住した者、社会主義者になった者、ほとんどロシア人と一体化した者、伝統的な共同体をあくまでも守り続けた者など、様々な方向にユダヤ人は拡散していった。「〇〇という条件が増大すれば××を選択する者が増加する」式の、個人の内部の複雑性に蓋をした議論では、多くの謎を残してしまうのだ。

＊

本章では、ディアスポラ時代とシオニズム以降のユダヤ人のあり方の違いについて、リベラリズム（特に「女らしい」タイプの）とリアリズムという言葉で整理し、それを具体的に分析するための方策として、人々の自己を側面に分解して検討することを提案した。ロシア・ユダヤ人の自己が安定するのは、諸側面がうまく組み合わさるときであり、葛藤するのは諸側面間に齟齬が生じるときである。

第二章

ユダヤ人とロシア帝国

様々な変化

ロシア・ユダヤ人の自己は様々な側面を持っていた。その一つは、ユダヤ教とつながっており、別の一つはロシア帝国という場で、様々な人々や制度とつながっていた。前章で整理したリベラリスト的なあり方とリアリスト的なあり方がどのような背景から生まれたのかを考えるための前提として、本章ではユダヤ人とロシア帝国のつながりについての基礎知識を概観しよう。

1　マイノリティとしてのユダヤ人

ロシア帝国との出会い

二〇世紀初頭、世界のユダヤ人口の実に半分にあたる五〇〇万人以上がロシア帝国領に暮らしていた。当時のロシア帝国領は、それを引き継いだソ連よりも広く、ポーランドの多くの部分を含んでいた。

これだけの数のユダヤ人がロシア帝国に居住するようになった背景は次のようなものだ。中世のある時期に、ドイツなどでユダヤ人迫害が強まった。その際、ユダヤ人の経済的機能が自国経済に資すると考えたポーランド貴族は、ユダヤ人を多く呼び寄せ、優遇することにした。その結果多数のユダヤ人がポーランド＝リトアニア王国領に移住する。この王国の支配領域は、現在のベラルーシやウクライナの一部も含む広大なものだった。

一八世紀末にプロイセンやハプスブルク帝国とともになされたポーランド分割によって、この地域の多くはロシア帝国に編入される。それに伴って、ユダヤ人の帰属先もロシア帝国になった。ロシア帝国がウクライナ南部に進出（侵出）すると、ユダヤ人もウクライナ全域まで居住地を拡大し、その結果、ロシア帝国は広範にユダヤ人口を抱えることになる。

だが、ロシア帝国は、現在のリトアニア、ベラルーシ、ウクライナ、モルドヴァに相当する地域の大半を「（ユダヤ人）定住区域」に指定し、その外にユダヤ人が出ることを禁止した。ロシア領ポーランドは形式的にはポーランド王国が残っていたため行政区画としては異なる扱いだったが、ユダヤ人の居住はそのまま認められ、ユダヤ人から見た状況は「定住区域」と似たようなものだった。それに対して、ペテルブルクやモスクワなど、現在のロシア連邦に相当する地域では、少数の特権的なユダヤ人しか居住は許されなかった。

居住以外の面でも法的にユダヤ人が除外される事項やユダヤ人に禁止された事項などがあり、国家レベルでの差別が明らかに存在していた。

もっとも、ロシア帝国では、支配層でもユダヤ人に対する意見は割れていた。例えば、キリスト教を中心とする伝統的な社会秩序を重んじる内務省はユダヤ人に対する締め付けを強めようとしたが、工業省は、そのせいでユダヤ人の経済的機能が低下するのはロシア経済全体にとって好ましくないと考えた。

そうしたなか、ユダヤ人はイディッシュ語を日常言語とする共同体で、支え合いながら独自の暮らしを久しく続けていく。

「イディッシュ」とはイディッシュ語で「ユダヤ人の」という意味である。この言語は中世のドイツ語から派生し、ユダヤ人はポーランド王国に移住する前にそれを身につけた。文字はヘブライ文字で書き、ヘブライ語、やがてポーランド語などスラブ系の語彙も混ざるようになったが、聞く分には現代ドイツ語の知識でもある程度は理解できる。

ユダヤ教界隈では、書き言葉としてのヘブライ語も受け継がれていた。ヘブライ語はイディッシュ語と言語系統はまったく異なり、アラビア語と同じセム語族に属していて、右から左に表記する。ヘブライ文字で表記するイディッシュ語も、表記は右から左である。

ユダヤ人と法

すでに述べたように、「ユダヤ人」を科学的に定義することは不可能だが、ユダヤ人自身が考えるユダヤ人の定義は、簡潔なものがある程度共有されてきた。ユダヤ教では、「ユダヤ人の母から生まれた者、もしくはユダヤ教に改宗した者」という定義が適用される。

信仰告白などで比較的容易に改宗可能なキリスト教やイスラム教とは異なり、異教徒がユダヤ教に改宗するには、ラビ(「我が師」の意。ユダヤ教の律法学者)の監修のもと、かなりの勉学と実践が長期にわたって要求されるため、安易な理由で改宗する者は、割合としては非常に少ないと考えられる。だから、ユダヤ人の範囲は社会のなかで比較的明確化しやすく、また安定している。ロシア帝国に関して、何気なく「ユダヤ人」と言ってしまっても実質的な問題があまり起きないのはそのためだ。イディッシュ語話者とほぼ重なっていたことも大きい。

もっとも、一九世紀に入って、宗教が人々を分ける主要な指標ではなくなっていくにしたがい、境界が曖昧になっていったのも確かである。それに伴って、ユダヤ人の自己のなかで非ユダヤ的な側面が増大していくことになる。

この点についてはのちほど論じるとして、宗教が社会のなかで大きな位置を占めていた時代には、ユダヤ人と非ユダヤ人の境界は比較的明確に引かれていた。ユダヤ人自身が前記の定義に従って、家族や共同体ぐるみでユダヤ人であることを自覚していたし、周囲の非ユダヤ人——多くの場合キリスト教徒やイスラム教徒——も自らとユダヤ人を区別していた。

相互に区別し合い、お互いに無関心でいる限りは、ユダヤ人にとって特に問題はなかったかもしれない。しかし、同じ社会に暮らす以上、何に関しても完全に別行動というわけにはいかない。しかもディアスポラ時代には常にマイノリティだったユダヤ人にとってはかなり切実な問題だった。

何より、ユダヤ教は独自の法体系を持つ宗教である。まずは国家の法とユダヤ法のすり合わせが懸案事項となる。

ユダヤ教では、「ハラハー」（ヘブライ語で「歩むべき道」の意）と呼ばれるユダヤ法に従って生きることこそがユダヤ教徒の務めとされる。ハラハーは儒教のような道徳規定ではなく、日々守らなければならない規則である。

それを日常世界に具体的にどのように適用するかについては、代々のラビたちが議論をして判例を積み上げていった。中世に編纂されたその一つの集大成が、古代・中世ヘブライ語やアラム語で書かれた『タルムード』という、二〇巻にも及ぶ書物である。今日でも伝統的なユダヤ教の最重要古典の位置を占め、ユダヤ教における学びの中心となっている。

信徒は、例えば豚を食べてはならないとか、安息日に労働と見なされることをしてはならないといった規則を、理由を深く問うことなく、とにかく守ることに意義を見出す。極論すれば、心の中で何を信じているのかは外から判断できないのでさほど重要ではなく、法を守り、日々それに従って実践しているか否かがすべてとされる（これを心を伴わない形式主義と批判して伝統的なユダヤ教共同体から飛び出した人物として最もよく知られるのがイエスである）。

ユダヤ教の安息日の規定や食物規定は特によく知られている。金曜の日の入りから土曜の日の入りまでの安息日は「働かなくてよい」のではなく「働いてはならない」。そして何を労働と見なすのかも細かく規定されている。

例えば、火を熾《おこ》すことは労働と見なされる。現代ではそれに準じて、火花が散ることを自ら始めること全般が禁止されており、電気のスイッチを操作したり、モーターを動かしたりしてはならないし、火を使う自動車を運転することも基本的には許されない（ただし、広いアメリカ郊外で、シナゴーグ（会堂）に行くためなら可としている派もある）。それゆえ、一応世俗国家でありながらユダヤ教諸勢力ともある程度妥協を重ねた現代イスラエルでは、安息日のあいだ公共交通機関は運行を停止する。

食物規定も厳密に定められており、その規定はヘブライ語で「カシュルート」と呼ばれ、食べてよい食品は「コシェル」（英語で「コーシャー」）と呼ばれる。どちらも「適する」という意味の語から派生したものである。

酒を飲んでもよいこと以外は、イスラム教のハラールよりも厳しく、食べ合わせについても規定がある。例えば、豚を食べてはならないのはもちろん、肉と乳製品はキッチンの段階から一緒にしてはならないので、チーズバーガーはご法度だ。牛であっても規定に従って処理した肉しか口にしてはならない（これはハラールも同じ）。ユダヤ共同体では、この肉の専売がラビの給与を含む共同体を回すための資金源にもなっていた。

こうした社会生活全般に及ぶ規定がユダヤ人を共同体に押しとどめていたともいわれるが、それほど厳密に法で定められているからこそ、外部世界との調整が必要になる場面も出てくる。

伝統的なユダヤ共同体では、その処理の仕方についても一定の決まりができていた。それが「国の法は法なり」という原則である。

もちろん、これはあらゆる領域で居住国家の法に従うという意味ではない。なるべくユダヤ法に則って共同生活を送ることを目指すが、周囲の社会の規範と競合した場合、一つの調停方法として国家の法に従うことをユダヤ教徒として正当と考えるのである（赤尾・向井 二〇一七、五—七頁）。

このように、ユダヤ人は、その根幹に関わる法の領域でも、外部との折り合いの付け方を制度化してきた。現在の学術用語で言えば、複数の法体系の使い分け・棲み分けがなされるリーガル・プルーラリズム（法多元主義）と呼ばれる状況だが、ユダヤ人は太古の昔からそれを実践してきたのだ。

こうしたしくみによって、一見すると共同体にこもり、独自路線を突き進んでいるように見えるユダヤ人は、絶対的なマイノリティである条件下でも、独自性をある程度維持しつつ、国家やマジョリティ社会ともある程度折り合いをつけながら共同体を維持することができたのである。

ゲットーの起源

では、ユダヤ人の共同体は、日常的な感覚ではどのようなものだったのか。

ドイツのユダヤ人の家に生まれ、アメリカに移住したのちに「シカゴ学派」の都市社会学者として活躍したルイス・ワースは、著書『ゲットー』(一九二八年)のなかで、ユダヤ人が集住するようになった背景を分析している。

「ゲットー」とは、狭義ではヨーロッパ諸都市のなかでユダヤ人が居住を指定された狭い地区を指し、ユダヤ人差別の象徴としてよく知られている。ただし、広義では、否定的なニュアンスではあるものの、ユダヤ人集住地域という程度の意味で用いられることも多く、ワースもどちらかといえばその意味で用いている。

ワースによると、中世ヨーロッパに現れた初期のゲットーは強制的な隔離政策によって形成されたのではなく、「ユダヤ人自身の宗教上および世俗的慣習や遺産に根ざした必要と日常生活の営みとが、知らず知らずのうちに結晶してできたもの」だった。

ユダヤ人は全体として独立した同じ生業を持つ階級を形成し、他の住民とは異なる経済的地位にあった。同業者の集住は中世社会では一般的なことであり、キリスト教徒とユダヤ人は利害関係を基軸とした「冷たくよそよそしい」合理的な交際を行っていた。一方、ゲットー内部では、ユダヤ人は自由と親密さを感じていた(ワース 一九七一、三二―三九頁)。

ゲットーにおけるユダヤ人の拠り所であり文化的・社会的紐帯の象徴だったのがシナゴーグである。一日に三度、祈禱のためにユダヤ人が集うシナゴーグは、中世ユダヤ人の生活の中心となっていた。したがって、ラビたちが下す法的決定や意見は、絶対的なものだった。
シナゴーグと並んで重要な象徴的制度が共同墓地であり、貧民や病人を収容する家屋や公共浴場、儀式用浴場、舞踏の家（結婚式や野外劇、演劇などが行われた）なども多く共同体が保持していた（同書、六九―七八頁）。

サンクトペテルブルクのシナゴーグ

ワースはロシア帝国の話をしているわけではないが、ロシアにおけるユダヤ共同体の実態もこれに近いものだった。

先述のようにロシア帝国で「定住区域」とされていた地域は、現在のリトアニアからウクライナやモルドヴァにいたる広大な地域である。ロシア・東欧ユダヤ史にしばしば登場する「シュテットル」と呼ばれるユダヤ人の小都市は、この広大な定住区域のなかの農村に隣接したユダヤ人集住地域だ。ただし、行政がユダヤ人を閉じ込めた集落というわけではなく、自然に形成されたユダヤ人街である。ロシア帝国にはユダヤ人の居住禁止区域はあったが、街区単位での居住指定区域はなかった。

こうした「ゲットー」、あるいはユダヤ人の共同体は、のちのシオニストから半ばノスタルジックに、半ば危うさをもって回顧されている。初期のシオニスト指導者にして、同時代のドイツ語圏で文明批評家としても活躍していたマックス・ノルダウ（一八四九—一九二三年）は、一八九七年にスイスのバーゼルで開かれた第一回シオニスト会議の演説のなかで次のように「ゲットー」を表象している。

〔…〕「ゲットー」という言葉は今日では恥や屈辱の感情と結びつけて考えられています。しかし、民族心理学や歴史の研究者は、ゲットーが、それをつくった者の意図が何であったとしても、過去のユダヤ人にとっては牢獄ではなく避難所だったのを知っています。〔…〕ゲットーでは、ユダヤ人は自分自身の世界を保持していました。それはユダヤ人にとって確固とした避難所であり、祖国で得られるのと同じ精神的・道徳的相当物を提供しました。ゲットーの同居人たちは、そこから尊敬を得たい対象であり、得られる対象でした。彼らの目標や野望はそこでよい評価をもらうことであり、そこでの批判や敵意は彼らが恐れた懲罰だったのです。〔…〕ゲットー内部で賞賛された価値が外部で軽蔑されたからといって何の問題があったでしょう。外部世界の意見など問題ではありませんでした。なぜなら、それは無知な敵の意見だからです。〔…〕ゲットーの存在を守るために、彼らはゲットーを実際に囲む石の壁よりも厚く高い、目に見えない壁を築きました。(Nordau 1997, pp. 237-238)

2　近代における変化(1)——思想的変化

近代という時代に入ると、否応なくこの「壁」は低くなっていった。それに伴って、ユダヤ人の自己には様々な側面が加わり、それらは自己のなかで大きな位置を占めていくようになる。それは、一方でユダヤ人に新たな可能性をもたらし、場合によっては、ユダヤ的側面を生かすことにもなった。しかし他方で、ユダヤ的側面との折り合いをつけがたい状況も生まれつつあった。

「壁」を低くした要因はいくつかある。地域差はあるものの、二〇世紀初頭までの段階で、ロシアを含むヨーロッパ全域において、ユダヤ社会は思想面、社会経済面、そして政治面の大きな変化を経験し、それらが「壁」を壊していった。順に見ていきたい（以下の概論の特に注記していない部分については、鶴見 二〇一二、第一章も参照）。

ユダヤ啓蒙主義

近代のユダヤ史を語るうえで必ず最初に言及されるのが啓蒙思想の影響である。キリスト教圏で始まった啓蒙思想は総じて、慣習に従うだけの旧来の秩序に対して人間の理性を信頼し、人間が自ら道を切り開いていく方向性を示した。

もっとも、キリスト教に対してもユダヤ教に対しても、はじめから宗教を全否定したわけではない。本来の精神を見失った蒙昧な慣習から人々を解放し、より理性的に宗教を解釈し実践することを目指した場合が多く、少なくとも当初は宗教内改革運動の側面を持ち合わせていた。

ユダヤ啓蒙主義（ハスカラー）の創始者モーゼス・メンデルスゾーンもそうだった。律法学者の家に生まれ、伝統教育を受けたメンデルスゾーンは、一四歳でベルリンに渡り、世俗化したユダヤ人とも交流しながらドイツ語を覚える。彼が書いた形而上学の論文は、次席となったカントを差し置いてプロイセン王室科学アカデミーの賞を受けた。

ユダヤ人という理由でメンデルスゾーンのアカデミー会員入りは果たされなかったが、一七八三年に著した『エルサレム』はユダヤ啓蒙主義の古典となる。そのなかで彼は宗教を個人的良心の領域の問題と考え、政教分離を旨とした。

彼はユダヤ法には忠実であり続け、もっぱら宗教間の、また政府による寛容を訴えたが、中世以降のユダヤ教の中心だったタルムード偏重の教育を批判し、一般科目の重要性を説く（Rubinstein, Cohn-Sherbok, Edelheit, and Rubinstein 2002, pp. 25-26）。

このように、創始者の意図はあくまでもユダヤ教の改革にあったが、その流れに乗ったユダヤ人のなかでドイツ的側面が次第に肥大化し、ユダヤ的側面は形骸化していく。その結果、「カトリックのユダヤ人」と同じ要領で、自らを「ユダヤ教徒のドイツ人」と定義する者が増えていった。

この流れがさらに進むと、キリスト教に改宗する者が現れるようになる。メンデルスゾーンの孫が、親の代で改宗したことからキリスト教徒として生まれた有名な作曲家フェリックス・メンデルスゾーンだったことは偶然ではない。

ロシア・東欧地域にもユダヤ啓蒙主義は伝播した。しかしドイツと比べてユダヤ人の絶対数が多く、また地域によってはユダヤ人が人口のなかの多数派ないし最大派閥であることも珍しくなかったこの地域では、啓蒙主義がドイツのようにユダヤ人を周囲への同化に導くことはあまりなかった。むしろそれは、ユダヤ共同体そのものや、ユダヤ人・非ユダヤ人関係の刷新を目指す動きにつながっていく。つまり、伝統的な宗教教育の比率を下げるにしてもユダヤ人の世俗学校を建設しようとしたり、世俗的なテーマを論じるにしてもユダヤ人の雑誌で行ったりと、ユダヤ人の集合性は温存されていた。

そのため、ロシア・東欧地域では、啓蒙主義はユダヤ・ナショナリズムに発展することもあった。実際、本書で取り上げるシオニストやユダヤ人自由主義者の多くはユダヤ啓蒙主義の流れから生まれた者たちである。

ロシア政府のユダヤ人統合政策

このように、ユダヤ人が個人個人で周囲の社会に溶け込んでいくのではなく、ユダヤ人を集団として全体的に啓蒙化していこうとする流れは、ある程度までロシア政府の方針と一致していた。

ポーランド分割でユダヤ人を取り込んだロシア政府は、ユダヤ人の処遇に思い悩んだ。というのも、キリスト教世界にありがちな傾向として、特にユダヤ人との具体的な接触がない段階では、ユダヤ人を何よりもキリストを裏切った仇敵として捉えたからであり、また、ユダヤ人を経済的な成り上がりと見なす偏見も手伝って、ユダヤ人を農民の搾取者と決めつけて問題視していたからである。

政府は、タルムードを基軸とする教育こそが、ユダヤ人を自らの——キリスト教徒からすれば訳のわからない——世界に閉じこもらせる元凶だと考えた。そうして、ドイツのユダヤ啓蒙主義がユダヤ人をドイツ化していることに目を付け、ロシアでもユダヤ啓蒙主義をユダヤ人のあいだで普及させようとしたのである。政府のお抱え啓蒙家のような者がロシア帝国のユダヤ人に啓蒙主義を伝授することもあった。

だが、多民族が事実上共存していたロシア帝国では、ユダヤ人が固有の集合性を保持していることそのものは特に問題視されず、ユダヤ人をロシア人に溶かし込んでしまうのではなく、ロシア政府が制御しやすいユダヤ人に変えていこうとしたわけである。

伝統的共同体にとっては、そのような方向性でも脅威となったが、もとより金融関連でロシア政府周辺に近かったユダヤ人の有力者のなかには、こうした政府の動きに呼応する者も現れる。彼らは、伝統的なユダヤ共同体に生まれた者を啓蒙主義的な教育体系に組み込み、ロシアにとって「有益」な存在に育て上げようとした。それによってユダヤ人の孤立は解消され、差別も軽減されると考えたのである。

この「有益」の基準は明確ではないが、政府が有害と考えていたのは、特に農村に隣接して活動する商人だった。それに対して、医師や弁護士、技術者のような手に職を持つタイプの業種を有益と考えていたようである。

ロシア語を身につけ、「有益」な職に就いたユダヤ人は、サンクトペテルブルクやモスクワといった、ユダヤ人の居住が厳しく制限されていた都市への居住を許される。彼らはそうしてロシア帝国の一級の臣民になっていった。歴史家ベンジャミン・ネーサンズは、このような政策を「選抜的統合」と呼んでいる（Nathans 2002）。

その結果「ゲットーの壁」を超えたユダヤ人は、外の世界の様々な情報や知見に触れ、ユダヤ社会、さらにはロシア全体にさらなる変革をもたらす存在になっていった。自由主義者やシオニストだけでなく、社会主義革命家もこうした流れのなかから生まれた人々だった。

このようにロシア社会と深く関係するようになった者は、一九世紀も後半にさしかかると、自らを「ロシア・ユダヤ人＝русский еврей＝Russian Jew」と定義するようになる。それは単にロシアに暮らすユダヤ人という意味にすぎない場合もあったが、もっと本質的な意味を持つ場合もあった。この点については、次章で論じる。

3　近代における変化(2)——社会経済的変化

ユダヤ人の得意分野

社会主義といえば、反ユダヤ主義的な議論のなかには、社会主義思想とユダヤ教思想を強引に結びつけるものがある。レオン・トロツキーをはじめ、社会主義者にはユダヤ人が多いため、ユダヤ教のなかには何か秘訣があるはずだという安易な発想である。

もちろん、ユダヤ教のなかに、例えば社会正義を重んじる観点があるし、信徒の平等を前提とするため、社会主義思想と親和性を持つところもある。だが、これはキリスト教やイスラム教にも当てはまる。

社会主義者にユダヤ人が多かった、あるいはユダヤ人のなかに社会主義者が多かった要因の多くは社会的な次元に求められる。それは主に次の三点である。

一つは、差別されていたユダヤ人にとって、人類の平等を訴える社会主義思想は魅力的だったということ。

また一つは、一八八七年以降、ロシアの大学がユダヤ人の入学を制限し始めたため、西欧に留学するユダヤ人が増え、結果的に、当時西欧で流行していた社会主義に染まって帰国する者が増えたということ。

そしてもう一つ、さらに重要な要因が、社会主義者のみならず、ユダヤ人のすべてに大きな影響を与えた社会経済構造の変化である。

ユダヤ人に関するステレオタイプに、ユダヤ人といえば金融家である、というものがある。シェイクスピアの戯曲『ヴェニスの商人』に登場するユダヤ人の強欲な金貸しシャイロックがよく言及されてきた。

強欲かどうかは実際のところ人によるが、金融業者にユダヤ人が多いのは昔からの伝統である。その背景としては、ユダヤ人に土地所有が認められず、農業に進出しにくかったことや、昔のキリスト教では利子を取る金貸しが禁止されていたので、非キリスト教徒であるユダヤ人が部外者としての立場を活かしやすかったといったことが挙げられる（ロス 一九六六、一三七―一四一頁）。ロシア帝国でも、銀行家のギンツブルク家など、首都ペテルブルクで活躍し、政府にも一定の影響力を持った金融業者が存在していた。

また、ユダヤ人に商人が多いというのもステレオタイプの一つだが、二〇世紀前半まではまさにその通りだった。各地に分散していたことがそのまま商業ネットワークとなり、有利に働いたからである。これは、華僑・華人がそのネットワークを活かし、特に東南アジアにおいて商業で活躍しているのと同じだ。

ただし、ロシア帝国では、行商や小商店主など、一応商業に分類されるとはいえ決して裕福ではない者も非常に多かったことに注意しなければならない。経済的に成功していた者は、ユダヤ人口のなかでもごく一握りだった。成功したユダヤ人が、特にユダヤ人という属性ゆえに目をつけられやすかったのだ。

一九世紀末のロシア帝国におけるユダヤ人の職業構成は表3のとおりである。特徴的なのは、七四%が農民だったロシア帝国の人口全体のなかで、農業が極端に少ないことと、やはり金融業を含めた商業が四割を占めていることだが、もう一つ注目すべきは、製造業も三分の一を占めている点だ。

もっとも、こうした職業の偏りはユダヤ人だけに特有のものだったわけではなく、民族による分業は、この地域の常態だった。例えばウクライナでは、大きな傾向として、農民はウクライナ人、地主はポーランド人、公務員や大工場主はロシア人、商人はユダヤ人やギリシャ人、国境警備隊はコサックといった構図が存在していた。

ユダヤ経済の衰退

特定の職種の割合の高さは、しかし、次第にユダヤ人の弱点になっていく。

まず、ユダヤ人に対して敵対的な政策がユダヤ人の商売に影を落とした。一八九〇年代になると酒類の販売は政府の独占物と定められ、およそ二〇万人のユダヤ人が生計を失った。

職　　種	ユダヤ人（%）	全体（%）
商業	38.65	3.77
製造業	35.43	10.25
日雇い・使用人など	6.61	4.61
不定	5.49	2.48
自由業、行政官など	5.22	2.04
運輸	3.98	1.55
農業	3.55	74.31
軍	1.07	0.99

＊出典：Tobias 1972, p. 5, Table 1

表3　ロシア帝国における職業分布（1897年）

だがそうした政策以上に決定的だったのが、ロシアでは一八七〇年代に本格化する資本主義的工業の発達による社会経済構造の根本的な変化である。

工業化の前段として、ロシア帝国の人口の大部分を占めていた農奴が、一八六一年のいわゆる農奴解放によって解放され、一部都市に流れたことが、帝国の経済構造の大きな転機となった。資本主義が必要とする多数の労働力を用意することになったからである。

封建経済と密接につながっていたユダヤ人社会も大きな影響を受け、農村やその隣接地域で商業を営んでいたユダヤ人の一部もプロレタリア化して都市に流れ、資本主義経済に組み込まれていく。

ユダヤ人労働者は高い社会的流動性を見せていたが、重工業に入っていった農奴出身者とは異なり、ユダヤ人は軽工業に従事することが多かった。新たな状況のなかで起業家や銀行家、商人として活躍したのはごく一部にすぎず、ユダヤ人の大多数は貧困化していった。

では、なぜ資本主義化のなかでユダヤ人は貧困化していったのか。ユダヤ人をめぐるステレオタイプでは、ユダヤ人といえば資本家であり、資本主義の発達はむしろユダヤ人にとって有利に働いたのではないだろうか。

だが、ロシアでの実態は逆だった。ごく一部のユダヤ人が資本主義化の波に乗って成功を収めたのは事実だが、大半は得意分野を失って失業することになったのである。

なぜか。ユダヤ人はそれまで隙間産業や仲介人的役割を得意分野にしてきた。ところが資本主義経済においてそうした分野は、ユダヤ人でなくても、もっと効率的にこなすことができるようになったのである。

例えば、都市と農村を結んでいたユダヤ人の役割は、鉄道による効率的な輸送に代替された。手工業については、ユダヤ人が従事していたのはいわゆる家内制手工業だったが、機械化された大工場には太刀打ちできなかった。

何より、近代産業が必要とするのは標準化された単純労働である場合が多く、タルムードの知識が役に立たないのはもちろん、ユダヤ人同士のコネクションも意味を持たない。

熟練労働にしても、一からのスタートとなり、ユダヤ人だからといって有利になるわけではない。しかも、賃金水準が低い労働力は、農奴解放によって都市に流入した大量の元農民がいたので不足がなかったのだ。

さらにユダヤ人には不利なことに、キリスト教徒が多数派である工場は土曜も操業する。つまり、敬虔なユダヤ人である場合、「労働してはならない」という安息日の規定に抵触してしまう。土曜に労働することを厭わないユダヤ人も多かったが、労働者間での民族対立を恐れた雇用者がユダヤ人の雇用を避けることがあった。また、ユダヤ人労働者のほうが団結してストライキを起こしやすいという理由から、ユダヤ人の雇用主でさえユダヤ人を敬遠することがあった。

ユダヤ人の経済状況に対する問題意識がユダヤ人のあいだで強くなったのは、まさにこのような背景ゆえだった。ユダヤ人自身が考えた解決策は様々で、社会主義はその主要なものの一つである。ユダヤ人自身が資本主義下で苦しんでいたからこそ、社会主義が彼らを引きつけたのだ。

後述するように、実はシオニストもユダヤ人の経済問題への対処を強く意識していた（シオニストのなかには社会主義思想に共鳴していた者も少なからずいた）。一九世紀から二〇世紀初頭のユダヤ史のなかではきわめて大きな流れとして知られている西欧や北米への移民も、社会経済問題に対する個人レベルでの解決策だったと言える。

以上のように、ロシア・東欧地域での社会経済的大変動が、ユダヤ人を様々に突き動かしていった――精確には、ユダヤ人の自己のなかの様々な側面間のバランスを変えていった――大きな背景をなしていたということを、まずは押さえておきたい。

4　近代における変化(3)――政治的変化

ポグロム

この社会経済的大変動はユダヤ人だけにかかわっていたわけではもちろんなかったため、ロシア・東欧地域の政治や社会の広い範囲で新たな動きを呼ぶことになった。

まず、ロシア・東欧地域のユダヤ史で必ず言及されるポグロムである。「ポグロム」とはロシア語で主にユダヤ人を対象とした商店襲撃や略奪、虐殺、強姦などの襲撃事件を意味し、ホロコースト以前の主要なユダヤ人迫害として悪名高い。

当時ユダヤ人のあいだでは、ポグロムはツァーリが仕掛けたものという見立てが大勢だったが、実際には、政府が命令してポグロムを起こした形跡はなく、草の根レベルで起こっていたことが明らかにされている（以下、一八八一年ポグロムについては、Aronson 1990を参照）。

もっとも、政府が積極的にポグロムを予防しようとしたり、急いで止めようとしたりしなかったことも事実である。事後も、ユダヤ人が農民を搾取しているのが原因だと結論していたぐらいなので、ユダヤ人が政府に不信感を持ったのも無理はない。

では、ポグロムが「上から」ではなく「下から」起こった背景はどのようなものだったのか。

ある程度広域・長期にわたった最初のポグロムとして知られているのは、一八八一年から八二年を中心にウクライナ南部で発生したポグロムである。

この地域は、ロシア帝国が黒海、さらにはオスマン帝国を目指して南下するなかで開発が進んだ。二〇一三年に始まるクリミア政変以来脚光を浴びることになった現在のウクライナ東部から南部にロシア人が多いのはこうした歴史的経緯による。ユダヤ人も、これに伴って旧ポーランド・リトアニア王国領から南下していった。

特に農奴解放後、この地域は工業を中心に急速な経済発展を遂げ、プロレタリア階級も一気に増加した。もっとも、農業は当該地域で依然として大きな位置を占め続け、鉄道の発達に伴って穀物の取引も盛んになった。つまり、都市と農村を結ぶ経済的役割を得意とするユダヤ人にとっては、活躍の場が大きい地域だったということである。

一八八一年の春は、前の冬に工業が不況だったため、ペテルブルクやモスクワの労働者が仕事を失って、この地域に流れてきた。この時期は当地域における不作とも重なり、都市や町に農民が多数流れ込むことになったが、彼らの貧困や飢餓は解消されなかった。先述のように、ユダヤ人でも鉄道の発達等によって職を失い貧困化する場合が多かったが、一握りの成功したユダヤ人は目立ちやすく、市場で非ユダヤ人の同業者と競合する例も増えていった（ibid., pp. 111-113）。

そのようなタイミングで一八八一年三月に発生したのが、ロシア皇帝アレクサンドル二世の暗殺事件である。革命組織のメンバーが実行犯だったが、そのなかにユダヤ人がいたという噂が広がったことが災いした。ツァーリ専制への不満が一部にあったことは確かだが、農民のあいだではツァーリは依然として尊敬されていたため、怒りがユダヤ人に向いてしまったのだ。

同年四月に南ウクライナの中心都市の一つエリサヴェトグラード（現在のクロピウヌィーツィクィイ）からポグロムが始まり、ウクライナ各地に伝染していく。皮肉なことに、ユダヤ人の職を奪うことになった鉄道と、革命運動の影響を受けていた（＝「搾取」に敵対的な）その従業員によってポグロムは農村に広がっていったという（ibid., pp. 115-116）。

一八八一年から八二年にかけて、二五〇件以上のポグロムが主にウクライナで発生した。五〇名前後が死亡したといわれ、襲撃者がユダヤ人の命よりも主に財産を狙っていたこともあり、数百万ルーブル[1]もの損失が生まれた。なお、死者の半数は当局による鎮圧の過程で死亡したポグロムの加害者である（Klier 2010）。

このポグロムに対するユダヤ人の反応は様々だったが、これを契機として、それまではどちらかといえばロシアのリベラリズムに属していたユダヤ人のなかからシオニスト運動が開始されたことはよく知られている。シオニスト運動の開始年が一般に一八八一年とされるのは、そのためである。

一方、自由主義的改革の未来に希望を持ち続けたユダヤ人も多く、社会主義者のなかには、ユダヤ人であっても、搾取に対する農民の反乱、つまり革命の予兆としてポグロムを好意的に受け止める者さえいた。

ポーランド人の動き

工業化による社会経済構造の変動は、さらに別の経路で民族的なカテゴリーが強調される状況を生む。特に顕著だったのがロシア領ポーランドである。

ポーランドでも工業化は急速に進み、ワルシャワやウッチなどの工業都市に多くの農民が労働者として流れ込んでいった。これらの大都市はもともとユダヤ人が多く暮らしており、一八九七年の時点で、ワルシャワでは人口の三四％、ウッチでは三一％がユダヤ人だった。

ポーランドからリトアニアやベラルーシにかけての地域は全体的にユダヤ人の比率が高く、旧ポーランド・リトアニア王国領では、大都市ミンスク（現在のベラルーシの首都）の五二％をはじめ、ピンスク（ベラルーシ）が七四％、ベギンが生まれたブレスト・リトフスク（同）が六五％など、ユダヤ人の都市部におけるプレゼンスは非常に大きかった（人口データについては、Zimmerman 2004, p. 16, Table 1.6 and 1.7）。この地域のユダヤ人も、工業労働者になる者が増えていた。

工業化に伴って、ポーランドでも社会主義運動が盛んになっていく。しかし、ポーランドの社会主義運動では、資本家による労働者の抑圧とロシア政府によるポーランド人の抑圧が重ねて理解されがちだったため、しばしばポーランド・ナショナリズムと見分けが付きにくいものになった。

事実、一八九三年に出版されたポーランド社会党（ＰＰＳ）の綱領では、「資本主義のくびきからの解放」に奮闘するポーランドの労働者階級は、「何よりも現在の政治的隷属を打倒」することを目指す旨が掲げられ、独立した民主的共和国の設立を目的にすることが明記されている（ibid., p. 22）。つまり、ロシア帝国からの独立である。

綱領では、この共和国のなかで「性別、人種、民族、または宗教にかかわらないすべての市民の平等」が掲げられているが、実際の運動のなかではユダヤ人がポーランド人に同化することが期待された。それが、ポーランド人からの同化圧力だけでなく、ロシア社会主義運動におけるロシア人からの同化圧力も嫌がったユダヤ人がミンスクで「ブンド」と呼ばれる独自の社会主義組織を結成した背景の一つとなる。

ポーランドでは社会主義運動と並行して、反ドイツを掲げ、それゆえロシアに対しては妥協的でさえあった国民民主党という右翼政党が一八九七年に結成されている。同党は、基本的にはポーランド人の排他的ナショナリズムを推進する傾向にあり、それはしばしば反ユダヤ主義と化した。
国民民主党の指導者ロマン・ドモフスキは、ポーランド貴族（シュラフタ）の怠惰な気質をポーランド停滞の原因として攻撃した。それと同時に、中世以来貴族と協力関係にあったユダヤ人が、貴族の体制を補強してきた存在として断罪されることになる（宮崎 二〇一〇、一〇七―一〇八頁）。

選挙による「民族」の強調

こうしたなかで、ロシア帝国では日露戦争での疲弊などを直接的なきっかけとして、一九〇五年革命が起こる。翌年には憲法が公布され、国会（ドゥーマ）が開設されて、ロシアは民主主義への第一歩を踏み出した。

第一国会の選挙は、社会主義勢力が、改革が不十分であるとしてボイコットするなど波乱の展開ではあったが、民族的なものが政治の場で積極的に議論される流れが作られたことはユダヤ人に大きな影響を与える。政治家が人気集めのために民族を強調して大衆の動員を謀《はか》るという、今日ではあまりにありふれたパターンが、ロシア帝国では、まさに大衆的な選挙が始まったこの時期に、特にポーランドで始まったのだ（第一、第二国会の時期のポーランド、特にワルシャワの状況の詳細については、Ury 2012を参照）。

特に、二議席が割り当てられたワルシャワ選挙区では、そのパターンが構造的に不可避になっていく。当初はポーランド人対ユダヤ人という構図が明確だったわけではなく、ドモフスキの国民民主党に対して、ポーランド人の進歩民主同盟とポーランド人と融和的な主流のユダヤ人が同盟を組み、勝利した暁には議席をポーランド人とユダヤ人で分け合うことを取り決めていた。つまり、民族ではなく政治信条のほうが優先される局面が見られたわけである。

だが蓋を開けてみると、国民民主党が五四%、進歩民主同盟とユダヤ人の同盟が四〇%を得票した。あるポーランド語紙は「選挙闘争はワルシャワをユダヤ人から守るというスローガンのもとで行われた」と臆することなく伝え、ポーランド人対ユダヤ人という構図を前面に掲げるにいたる(Corrsin 1989)。

政府との対立ですぐに解散された第一国会に続く第二国会の選挙は、社会主義勢力も参加して、さらに反政府的になった。そのため、政府は第二国会もすぐに解散するとともに、選挙法を改定し、特に非ロシア地域の定数を削減する。代表団が自治を訴え、ロシアの支配に対する反発を示したことで政府の不興を買ったポーランドにいたっては、三七議席から一四議席への大幅減となった(田中・倉持・和田編 一九九四、四一四頁)。

しかもワルシャワの場合、この改定で一議席はロシア人市民団のなかから選出され、もう一議席がポーランド人やユダヤ人など残りの各市民団から選出されることになった。そうして、一議席をめぐってポーランド人とユダヤ人が争う構図ができあがる。選挙戦ではユダヤ人叩きがさらに激しくなり、ポーランド人とユダヤ人の境界線が明確化していく(Corrsin 1989, p. 37)。自己のなかでユダヤ的側面とポーランド的側面、あるいはロシア的側面を共存させていた者にとっては、息苦しさを感じる場面が増えていった。

一九世紀から二〇世紀にかけて、ユダヤ人の自己のなかには様々な側面が入り込み、ユダヤ人は他の人々と様々につながっていくことになった。啓蒙主義や政府が作った流れは、ユダヤ人の自己にロシア的側面を吹き込んでいったが、側面間に矛盾を来すような条件が次々に生まれたことも確かである。

＊

しかし注目すべきは、だからといってすぐにロシアを捨て去ろうとする動きが大勢になったわけではないという事実である。なかには、さらにロシア社会や国家との結びつきを強めようとする動きすら見られた。環境は確かに変わったが、全体が一つの方向に向かったわけではなく、様々な方向を向いた諸要素が併存し、それが多様な解釈を生んでいく。啓蒙主義は、その反動が目立つようになったとはいえ持続していたし、ユダヤ人の経済的な優位性も、その一切が消滅したわけではなく、まだ一部に根強く残っていた。

以下の各章で見ていくのは、各々のユダヤ人が状況をどのように捉えながら、いかなる人々とつながったのか、そして、そのなかでどのように彼らの自己の諸側面が編成され、あるいは再編されていったのか、という「内なる国際関係」の諸相である。

第三章

「ロシア・ユダヤ人」の興亡

相互乗り入れするリベラリスト

ロシア帝国のなかでユダヤ人は様々な障害に直面し、それは時代が下るにしたがって大きくなっていた。それでも、政府の政策のなかにはユダヤ人も乗ることができるものがあったし、特に経済の面で、ユダヤ人はロシアにおける独自の役割を自負しやすい状況がまだ続いていた。本章では、ロシアとのつながりをポジティヴに捉えたリベラリストに光を当て、なぜ彼らがロシアとのつながりを重視したのかを考えていく。

1 「ロシア・ユダヤ人」というアイデンティティ

ドイツとの違い

前章で見たように、ユダヤ啓蒙主義が推し進めた流れは、ユダヤ共同体の外に出た者、あるいは半歩踏み出した者に、ロシア的側面を組み入れていったが、それはドイツでの展開とはやや異なっている。

ドイツでは、ユダヤ人としての意識を多少持つ者であっても、次第にドイツ的側面が肥大化していき、ユダヤ的側面は小さくなっていった。つまり、基本はドイツ人であり、単に宗教としてユダヤ教を信仰しているにすぎない、ということだ。俗に「モーセ信仰／モーセ法のドイツ人」と呼ばれた（自称した）あり方である。「モーセ」はユダヤ教の預言者であり、「カトリック信仰のドイツ人」というのと同じ要領だと言える。

このような自己にあっては、世俗化していくと、ユダヤ的側面の重みは非常に軽くなっていく。そうして、少なくとも自己意識においてはほとんどドイツ人と変わらない者が増えていった。

それに対してロシアでは、「モーセ信仰のロシア人」という自己定義は主流にならず、あくまでも、「ロシアのユダヤ人」、あるいは「ロシア文化を身につけたユダヤ人」という捉え方だった。

こうしたタイプの自己にあっては、「ロシア」の比重が高まったからといって、「ユダヤ」が軽くなるわけではない。彼らは、ロシア臣民として、ユダヤ人であることを誇っていた。

では、こうしたあり方、つまり、ユダヤ人であることを隠すことなく、ロシア人としての意識を同時に持つことができた背景とはどのようなものだったのか。ここで改めて整理しておこう。

第一に、広大な領土と多様な人口を抱えたロシア帝国では、ユダヤ人だけが特殊な集団だったわけではない。ポーランド人やリトアニア人、ドイツ人やムスリムなど多様な集団が暮らしており、ロシア人でありかつユダヤ人であるという状態は特に珍しいものではなかった。

ユダヤ人口もドイツの一〇倍あり、すでに述べたとおり都市によってはユダヤ人が過半数を占めていたので、ロシア帝国では、日常世界はだいたいユダヤ人だけで回る（＝無理して非ユダヤ人に合わせる必要がない）という感覚が少なからずあったのである。

第二に、西欧においてユダヤ人は、否定的な意味での「東洋的なもの」を体現する、つまり未開で野蛮、あるいは奇異な存在として位置づけられ、開明的なユダヤ人はそのことを恥じる傾向があった。社会が近代化するほどそのステレオタイプは強まっていき、一九世紀末には、ドイツを中心に、伝統的な身なりをした「東方ユダヤ人」（ロシア帝国やガリツィア出身のユダヤ人の総称）が流入して、そのステレオタイプ拡散に拍車を掛けた。

それに対して、ヨーロッパのなかでは最も後進的とされ、ロシア人自身もそのように自覚していたロシアにあっては、ユダヤ人はロシア人に対して必ずしもそのような引け目を感じていなかった。特に、啓蒙主義の流れでロシアのなかでも最先端の教育を受けたユダヤ人は、ユダヤ人こそがロシアの西欧化を率いる存在であるとさえ自負していたのだ。

「ロシア・ユダヤ人」という意識

では、彼らロシア・ユダヤ人のなかで、ユダヤ的側面とロシア的側面はどのような関係にあったのか。

「ロシア・ユダヤ人」としての意識を持つ者が書いた次の文章は、そのことを考える手がかりになるだろう。リベラリスト（自由主義者）が発行していたロシア語週刊誌『ユダヤ週報』に一九一八年五月（西暦の六月）に掲載された「ドイツ・ユダヤ人、戦争、ユダヤ性」と題された論考の一節である。

ドイツ・ユダヤ人の古典的な愛国主義について、我々はみなよく知っている。超愛国主義者として、彼らは教皇自身より教皇主義者である〔カトリックの文脈で、改宗者が元来の信者以上にカトリック化したことを揶揄した表現〕。これは、間違いなく良心の命ずるところに従ってそうなったのだ。というのも、ドイツ・ユダヤ人はまさに、忠実なドイツ国民であり、その防衛に本心から準備ができていると自任しているからである。しかし、彼らはそのことをなによりもまずドイツ人として保持しているのであって、決してユダヤ人の民族的集合体というべきものの成員としてではない。ドイツ人として――もちろん、ただドイツ人として――帝国主義の理論家ロールバッハはドイツ人による世界の覇権の際限なき拡大という思想を発展させた。[1] なによりもドイツ人として、ユダヤ人のラテナウとバリンはその全才能を、母国ドイツの輝かしい軍事産業体のために供した。このことに、我々他国のユダヤ人が報いることはないだろう。（Cherikover 1918, p. 30）

第一次世界大戦の最中にあった当時、ロシアはドイツと戦っていた。だから、ドイツ・ユダヤ人に対するこうした論難は、ロシア臣民としての歯がゆさを含んでいただろう。しかしそれを差し引いても、この一節は彼らロシア・ユダヤ人リベラリストのロシアとの関わり方をよく示している。

この文章の著者は、ドイツのユダヤ人がドイツ人以上にドイツ人意識を持っていて、ユダヤ民族という集団としては行動していないことを問題視している。それに対して著者は、ロシア語で文章を書いている点では一見するとドイツ化しているユダヤ人と変わらないように見えるが、ロシア語で表現することと、ユダヤ民族として行動することをあくまでも分けて考えているのだ。

ロシア社会では、公的な場においても様々な民族がそれぞれの立場に応じて行動することは決して珍しくなかった。[2] そうした環境下でロシア・ユダヤ人のリベラリズムは、ロシアという舞台で堂々と躍動するものとして「ユダヤ」を捉えたのである。

そのことを示す一例として、ユダヤ人リベラリストが中心になっていたロシア語週刊誌『ヴォスホート』（『上昇』）の一九〇六年のある号の一節を見てみよう。

ロシア・ユダヤ人は、西欧ユダヤ人の誤りから学べる点で有利である。ロシア・ユダヤ人にとって、解放の達成は突然有頂天になるような贈り物ではなく、長く厳しい闘いの、望ましい結果になるだろう。そして、その主要な関心事は、市民的な平等な権利の獲得のみならず、それをすべてのユダヤ人の幸福のために利用することにある。

ここでいわれる「市民的な平等」とは、あくまでも個人としての平等という意味であり、暗にドイツ人に同化することを示している。そのような平等のみを目指し、民族としてはドイツ・ナショナリズムの目標に自らを合わせることになったドイツ・ユダヤ人とは違うのだということが、ここでは強調されている。

その上で、この記事は「「モーセ法のロシア人」という嘘のフレーズには反対である！」と宣言している。ユダヤ人は宗教によって一体のものになっているのではなく、「その古く偉大な文化に基礎づけられた共通の起源や共通の歴史的発展、そして何よりも気質によって」特徴づけられるというのである。

だがそのことは、ユダヤ人として孤立することを意味しないという。「もしアルメニア人やポーランド人でありながら、よきロシア市民でもあることができるなら、よきユダヤ人でありながら同時に有益で誠実なロシア市民であることができるのも確かである」（以上、Shakh 1905, pp. 35-38)。

この『ヴォスホート』は、後ほど登場するロシア・ユダヤ人リベラリストの代表格マクシム・ヴィナヴェルが編集部に加わるなど（Haruv 2010）、ロシア・ユダヤ人のリベラリズムを率いた週刊誌である（ヴィナヴェルは一九〇一年より編集部に参加した）。

ロシア立憲民主党（カデット）のユダヤ人

このように堂々とユダヤ人としてのロシアへの参加を語るリベラリストは、当時のロシア政治のなかでは、決して孤立していなかった。

ロシア革命（一九一七年）といえば社会主義のイメージが強いが、少なくともそれ以前のロシアの民主化運動のなかでは、リベラリストも社会主義者に劣らず、大いに活躍していた。

Годъ 21. Воскресенье 6-го Января. 1902 г.

ПОДПИСНАЯ ЦѢНА:

КОНТОРА и РЕДАКЦІЯ.

ВОСХОДЪ

№ 1

Телефонъ № 955.

СОДЕРЖАНІЕ.

I. 1901 годъ.
II. Русская печать въ 1901 г. Ужесъ.
III. Обзоръ еврейской періодической печати. Z.
IV. О національномъ воспитаніи.
V. За недѣлю.
VI. Судебная хроника.
VII. Корреспонденціи и сообщенія.
VIII. Заграничная хроника.
IX. Письмо въ редакцію.
X. Фельетонъ. 1) Письма Л. О. Леванды. М. Кагана. 2) Новыя стихотворенія Надсона. А. Г.
XI. Библіографія.
XII. Афоризмы.
XIII. Объявленія.

1901 годъ.

Давно-ли ушло отъ насъ то время, когда мы, терпѣливо принимая удары судьбы, съ надеждой твердили: будетъ и на нашей улицѣ праздникъ, засвѣтитъ и для насъ солнце! И живя въ XIX ст., мы ждали осуществленія нашихъ мечтаній отъ предстоящаго вѣка. Но вотъ онъ наступилъ, прошелъ первый годъ его. Что же принесло съ собой XX ст. намъ, русскимъ евреямъ? Измѣнила ли свое теченіе рѣка, катившаяся въ узкихъ берегахъ, по каменистому ложу, съ трудомъ пробивая себѣ дорогу черезъ пороги и мели? Потекла ли она по новому руслу—широкому и глубокому, среди плодородныхъ пажитей и заливныхъ луговъ, подъ лазурной синевой ласкающаго неба и согрѣвающими лучами весенняго солнца? Увы, если исключительныя событія могутъ класть основанія лѣтосчисленіямъ, то новыя лѣтосчисленія рѣдко когда приносятъ съ собой исключительныя событія. Въ правильности этого положенія убѣждаетъ насъ минувшій первый годъ XX вѣка.

Въ теченіе его положеніе русскаго еврейства ни въ чемъ не измѣнилось сравнительно съ предшествовавшими годами послѣдней четверти минувшаго столѣтія. Продолжая выше сдѣланное сравненіе, можно сказать, что рѣка катится все въ тѣхъ же берегахъ, которые стали, пожалуй, еще уже, и все по тому же руслу, на которомъ число препятствій возрасло. Жизнь всякаго элемента населенія въ каждомъ благоустроенномъ государствѣ, съ внѣшней стороны, опредѣляется обыкновенно законодательными постановленіями. Русскіе евреи съ давнихъ поръ составляли исключеніе изъ этого общаго правила, находясь главнымъ образомъ въ вѣдѣніи административныхъ органовъ, и въ этомъ отношеніи минувшій годъ не принесъ никакихъ измѣненій. Правда, былъ изданъ законъ о порядкѣ избранія раввиновъ, но въ данномъ случаѣ вниманія высшаго въ государствѣ учрежденія удостоился не самый наболѣвшій вопросъ русско-еврейской жизни. Возникали слухи о томъ, что будетъ приступлено къ „пересмотру общихъ положеній" о евреяхъ, возникла спеціальная комиссія подъ предсѣдательствомъ товарища министра внутреннихъ дѣлъ Дурново, продолжала свои занятія учрежденная въ 1895 г. комиссія по пересмотру временныхъ правилъ 3 мая, говорили объ образованіи особой комиссіи по вопросу объ обученіи евреевъ въ общихъ учебныхъ заведеніяхъ, но комиссіи не оставили никакого слѣда на законодательной регламентаціи нашей жизни. Какъ и въ предшествующіе годы, попеченіе о нашихъ нуждахъ имѣла исполнительная власть.

Съузились берега, умножились мели... Минувшій годъ въ сферѣ общерусской жизни былъ особенно богатъ событіями въ школьной сферѣ; послѣ сильныхъ грозъ, небо прояснилось, изъ-за тучъ ласково выглянуло солнышко и пригрѣло землю; русское общество радостно отозвалось на призывъ правительства къ совмѣстной работѣ въ дѣлѣ переустройства средней и высшей школы въ смыслѣ уничтоженія наполнявшаго ее дотолѣ сухого, безплоднаго формализма и созданія благопріятныхъ условій для развитія подростающихъ поколѣній. Эта весна общерусской жизни не была таковою для евреевъ; для нихъ она ознаменовалась лишь рядомъ новыхъ ограниченій: въ высшихъ учебныхъ заведеніяхъ примѣнявшаяся до тѣхъ поръ норма процентнаго ограниченія была уменьшена и требованіе ея выполнялось съ крайнею добросовѣстностью; въ среднихъ учебныхъ заведеніяхъ, въ стремленіи къ выравненію наличнаго количества

『ヴォスホート』

ユダヤ人も、社会主義勢力のみならず、リベラリスト勢力にも深く関わった。民族なるものはいずれ消え去ると捉えがちな社会主義にあっては、ユダヤ人としての自己を消したレオン・トロツキーのような者も珍しくない。それに対して、民族的なものについてどちらかといえば好意的なロシアのリベラリスト陣営では、ユダヤ人であることを前面に掲げる者が少なくなかった。

もちろん、ロシア人のリベラリストのなかには、ユダヤ人はいずれ同化すると考えたり、ポーランドの自治を認めなかったりと、ロシア人中心主義的な者も多かったが、少なくともそうした姿勢を批判することが許される雰囲気はあった。事実、ユダヤ人は、リベラリスト陣営のなかで諸民族の自由を訴える先頭に立っていたのだ。

その代表的な人物が、ロシアの立憲民主党、通称「カデット」の創設メンバーにして、内戦期にいたるまでその中心で関わり続けたマクシム・ヴィナヴェル（一八六二—一九二六年）である[3]。

ヴィナヴェルは一八六二年にロシア支配下のワルシャワの中流家庭に生まれ、ワルシャワ大学法学部を卒業した。その後、帝都サンクトペテルブルクに移住し、そこで弁護士業を始める。

ヴィナヴェルはポーランド時代について何も語っていないため、なぜロシアに拠点を移したのかについては不明なところが多い。ある歴史家は、彼がユダヤ人弁護士としてポーランドで成功することへの限界を感じたからだと指摘している。一八八〇年代のポーランドでは、すでにユダヤ人排除の機運が高まっていたのである（Kel'ner 2018, pp. 59-60）。

ロシア最大のリベラリスト政党カデットは、いくつかのリベラリストの流れが合同して一九〇五年一〇月に結成された。一九〇六年の第一国会選挙では、社会主義者が軒並みボイコットしたこともあって、同党が第一党になり、ヴィナヴェルもペテルブルクの代表として選出された。ちなみに、この選挙で選出された一二名のユダヤ人のなかには五名のシオニストも含まれている。

カデットがユダヤ人の支持を集めた最大の要因は、同党が綱領の第一条「基本的市民権」の第一項で次のように明記したことにあっただろう。

すべてのロシア市民は、性別や宗教、ナショナリティに拘わらず、法の前で平等である。すべての階級的差異とポーランド人、ユダヤ人および他人口のすべての集団の個人的および所有に関する権利の制限は例外なく撤廃されなければならない。(Harcave 1964, p. 292)

もっとも、ヴィナヴェルは、単にユダヤ人にとって都合がよいという理由だけでカデットに関わっていたわけではない。カデットの中心人物だったロシア人パヴェル・ミリュコフらがヴィナヴェルの死後に追悼論集を出版しているが、そのなかで、カデットの同志だったロシア人ヴァシリ・マクラコフは次のようにヴィナヴェルの想いを代弁している。

ヴィナヴェル

彼は「ユダヤ人の法的不平等」を、国家における法的基盤の全般的な欠如の象徴だと考えていた。その〔欠如の〕ために、これらの反ユダヤ法でさえ、大概は当局の収入項目になってしまっていた〔ユダヤ人に対する制限を見逃してもらうための賄賂が横行していたということだろう〕。〔…〕〔くわえて〕これらの例外法は、ロシアの法的不平等全般の源泉だった。人民の最も多数を占める部分であり、ロシアの幸福の基礎である、無口で無学で従順な農民が、一般

マクラコフ

の、皆にとって平等な〔はずの〕権利の外に置かれている国家にあっては、ユダヤ人の「法的不平等」は自ずとその鋭さを失ってしまう。ロシアにおける平等な権利の不在にこそ、当時の大きな戦線はあったのである。法曹ヴィナヴェルが長年粘り強く闘ってきた法的基盤の確立は、全体的な問題と部分的な問題の両方を解決しただろう。ユダヤ人の代表というよりペテルブルクの代表としてこのことすべてを話すことができるとき、また、ロシアのユダヤ人の運命が、彼らだけでなく、すべての法的基盤にとって必要な勝利と結びついたとき、ヴィナヴェルは喜びとともに誇りを感じたのである。(Miliukov, et al. 1937, pp. 63-64)

このように、ヴィナヴェルのなかで、ユダヤ人としての側面、ロシア人としての側面、そして弁護士としての側面はすべて有機的に結びついていた。ユダヤ人であるからこそ法の不備に敏感になり、弁護士であるからこそ、それがロシア全体の問題であることにいち早く気がついた。そしてロシアにとって、それが一番重要な問題だと考えた彼は、そのことを理解するマクラコフらロシア人との共闘に何ら違和感を持たなかったのだ。

ここで重要なのは、それぞれの側面が融合していたというより、相互に区別されながら、それぞれの特徴が保たれているからこそつながり合っていたことである。つまり、第一章で整理した分類でいえば「相補型」である。

もしユダヤ人としての側面とロシア人としての側面の境界がほとんど解消されてしまっていたなら、ロシア人中心主義に流されて法の不備に気がつかなかったかもしれない。また、自らの活動が、ロシア人だけでなくユダヤ人のためにもなっているという感覚も持てなかったかもしれない。

しかし自己のなかで両者が区別されていたヴィナヴェルは、カデットの国会議員としての活動と同時に、ユダヤ人としての活動も続けた。一九〇五年にシオニストやその他ユダヤ・ナショナリスト、さらには社会主義者も加わって発足した「ロシアでユダヤ民族の完全な権利を獲得するための同盟」という政治団体では委員長を務めている。

もっとも、ユダヤ人が独立した政党を作るべきとしたシオニストらの方針にヴィナヴェルらは反対した。その代わり、一九〇七年にリベラリストを中心に「ユダヤ人民グループ」という政治団体を新たに立ち上げ、ユダヤ人の権利向上に絞って活動を続ける（Maor 1964, pp. 49-50; Orbach 1990, pp. 4-5; Gassenschmidt 1995, pp. 19-44）。この団体は政党ではなく、自由主義系ユダヤ人の連帯を促し、ユダヤ人の利益のためにロビー活動することを企図したものだった。

その設立集会では、この「グループ」（ロシア語で「グルーパ」）がユダヤ人の個人としての市民的自由と、共同体としての発展の両方を目指すことが確認されている。言語についても、ヘブライ語とイディッシュ語それぞれへの権利を擁護することとされた。

ヘブライ語はアラビア語と同じセム語族に属し、聖書や古典の言語としてキリスト教徒にとってのラテン語のような存在だった。そのため、ユダヤ啓蒙主義者やシオニストが重視し、今日ではイスラエルの事実上の国語になっている。一方、イディッシュ語は、東欧ユダヤ人の日常語であり、主に社会主義者が重視していた。今日ではニューヨークの伝統的なユダヤ人など限られた世界でのみ使われている。

両言語を対等に扱う姿勢に表れているように、ヴィナヴェルら「グループ」の人々は、ユダヤ人内部の多様性も極力尊重しようとした。何かに一本化しすぎない姿勢は様々なところで貫かれ、様々なもののなかでしか自己は確立しえないと考えていた。

「グループ」の機関誌『自由と平等』では、この「グループ」の目的として主に次のことが掲げられている（*Svoboda i ravenstvo*, 12, 1907, pp. 10-11)。

・ユダヤ人の市民権と完全な政治的権利を獲得すること。
・ロシアの外でユダヤ人を組織化するためだけに活動するシオニズムや、ユダヤ人の民族的なかたまりを打ち立てることを目指すフォルクスパルタイ（自治主義の政党）には否定的であること。
・階級や政党を超えた組織であること。

「民族的なかたまり」というのは、ユダヤ人が民族的に孤立することを指していると見られる。それに反対するのは、リベラリストの微妙な（絶妙な）スタンスの顕れであり、周囲とつながり続けることを重視していたことが伺える。「ユダヤ人」を集合的に捉えていた諸運動のなかで、ユダヤ人とロシア人がお互いに懐に入り込むこと、相互乗り入れすることを最も重視していたのである。「グループ」は、反ユダヤ主義に対する積極的な闘争も掲げた。だが、自衛部隊を結成したブンドや一部のシオニストとは異なり、あくまでも言論での闘争を旨としている。また、シオニストはリベラリストを同化主義者とレッテル貼りすることが多かったが、実際にはリベラリストもユダヤ人の共同体の刷新を訴えていた点で、ユダヤ人の集合体がロシアで続いていくことを大前提としていた。

2 ユダヤ人と経済

ユダヤ人差別と経済問題

それゆえ、ユダヤ人がロシアを去る要因ともなっていたユダヤ人の経済状況の悪化や貧困問題については彼らはよく認識していた。その改善に向けた議論は『ヴォスホート』などで行われ（Slutsky 1978, p. 78）、彼らの主導で、それをテーマとした会議が開催されることもあった。

だが、すでに関係が悪化していたシオニストや社会主義者は、議論の参加者の選出方法に疑問を投げかけた。また、伝統的・宗教的な人々は、自らの収入に直結する共同体内の税制改革を大いに警戒した。

しかも外的環境は悪化しており、内部の改革を行うことはますます困難になった。後ほど言及するベイリス事件など、ユダヤ共同体の外側からの抑圧に対して労力が消費され、それが解決すると程なくロシアは第一次世界大戦に突入していく（Orbach 1990, pp. 5-6, 9-13）。

その結果、ユダヤ経済を実際に向上させることは彼らにはほとんどできなかった。それでも、彼らの議論からは、ロシアとユダヤの関係を具体的にどのように考えていたのかが浮かび上がってくる。

まず、ユダヤ人が直面していた社会経済的問題に対するリベラリストの処方箋は、ユダヤ人の法的差別撤廃を目指す彼らの基本政策の延長線上にある。つまり、ユダヤ人の差別が撤廃されることでユダヤ人の経済は上向くと見ていたのである。

例えば、『ヴォスホート』の「ユダヤ人手工業者の権利について」という記事は、学位を持たないと手工業者は旧来の場所にとどまって赤貧の生活と過酷な苦境を強いられるとして、ペテルブルクなどの大学に通うことを阻む「定住区域」の廃止を訴えている（Kh. 1905, pp. 13-15）。

ロシア経済にとってのメリット

彼らは、ユダヤ人の法的差別の撤廃がロシア国家全体の刷新につながるという論法を経済問題でも展開した。ユダヤ人の得意分野と自任していた経済問題だからこそ、そうした論法が明白に表れたといってもいいだろう。ユダヤ人がロシアのなかで経済的に活躍する幅が広がるほど、それはロシア経済にとっても有益だと彼らは論じた。

『ヴォスホート』は一九〇六年に終刊となったが、それをなかば引き継ぐ形で一九一〇年に『新ヴォスホート』が創刊される。[4] 同年に掲載された「穀物貿易へのユダヤ人の関与」と題された記事は、一九世紀半ばからのユダヤ人の穀物貿易における役割と経済全体に対する効果を論じている。その概要はこうだ。

一八五八年に財務相が、政府のユダヤ人委員会（一八四〇年から六二年まで設置され、ユダヤ人問題の解決を図った）に対して、ユダヤ人の商業活動拡大に関する文書を提出した。その要点は次の三点である。(1)ユダヤ人の商業・仲介活動は、国の経済発展にとってきわめて有用である。(2)定住区域では、そうした要素が過剰であり、域内の経済に不利に働いている。(3)そうした要素の過剰を解消し、それが不足している内地に再配分するために、定住区域を廃止する必要がある。

あるウクライナの地域では、ユダヤ商人がほとんどおらず、輸出が独占状態になっていたため、穀物価格がロンドンより二、三倍安くなっていた。だがユダヤ商人の参入によって状況が変わる。ユダヤ商人は「わずかな利潤で大きな流通」という原則を旨としていたからである。

НОВЫЙ
ВОСХОДЪ
№ 4.

ПРОДОЛЖАЕТСЯ ПОДПИСКА на 1915 годъ.

на ЕЖЕНЕДѢЛЬНЫЙ ОРГАНЪ, ПОСВЯЩЕННЫЙ ИНТЕРЕСАМЪ ЕВРЕЙСТВА

VI „НОВЫЙ ВОСХОДЪ" VI

„Міровая война и евреи"

ПОДПИСНАЯ ЦѢНА:

Адресъ Редакціи и Конторы: Петроградъ, Кирочная, 23, кв. 28.

『新ヴォスホート』

ユダヤ人の参入によって独占は崩れた。しかも、競争が始まっただけでなく、二種類の仲介人が生産者にとって有用な、つまり買い取り価格が高くなるような働きをした。一つは投機家であり、穀物を備蓄して価格が上昇しそうなころまで待つことで、適正価格になっていく。

もう一つは生産者と輸出業者のあいだに入

る仲買人である。彼らの存在ゆえに、最も価格が上がったときに売ることができるようになる(Mikhel'son 1910a, pp. 5-9)。

穀物貿易のかたちが南ロシア(ウクライナ南部)で変化した結果、同地域のユダヤ人口は増加した。そうしてロシアは、主として小麦と大麦を、大西洋を超えた競争を感じることなく西欧に輸出している——。

記事の著者は以上のように論じ、定住区域を廃止することでユダヤ人が必要とされるところで活動できるようになる、と提言する(Mikhel'son 1910b, pp. 6-10)。

「一九一二年におけるロシア・ユダヤ人の経済生活」と題された同誌の記事は、やはりユダヤ人がロシアの地域経済にとって欠かせない存在であることを次のように説いている。

ユダヤ人の商業や仲介業への締め付けが強化され、村に居住する権利を持たないユダヤ商人が大量に追い出されることがあった(政府はユダヤ人は農民を搾取すると考え、農村への居住を制限した)。ところが、それによって居住権を持つユダヤ人も引っ越してしまう場合が多く、ユダヤ人は協同組合を結成したり自前の商品取引所を作ったりしたが、非ユダヤ人には、ユダヤ商人がいなくなることで市《いち》が低迷するなどの不便が生じるようになる。そのため、通商、財務、内務各省に対して、ユダヤ人に対する制限を撤廃し、ユダヤ人の追放を取りやめるよう誓願する動きが多く現れた。

この事実は、ユダヤ人の経済活動が国全体の経済生活といかに密接に結びついているかを示すことになった。農民のなかにもユダヤ人を擁護する者は多く、ユダヤ人が障害なく住めるようにするために、村を、ユダヤ人も居住が許される行政単位である「小都市(mestechko)」に改称する動きさえ見られた（Gurevich 1912, pp. 8-11）――。

第一次世界大戦とユダヤ経済

ロシア経済に貢献してきたユダヤ人に自由を与えることでロシア経済がさらに発展していくという論法は、第一次大戦が始まると、一段と強調されていく。

戦時中、『新ヴォスホート』は一九一五年四月をもって廃刊になったが、代わりに同様の週刊誌として『ユダヤ週報』が翌月創刊された。そこに掲載された「産業の動員」という記事には次のような記述がある。

> 移動の制限、一連の職業に就くことの禁止、株式法の領域での制限――ユダヤ人の権利剝奪の最も重要なものしか指摘しないが――これらすべてが、ユダヤ人の活動の足枷となり、それが同時に全ロシアの経済生活の重い負担になっている。（Observator 1915, p. 3）

検閲のため部分的に削除跡がある別の記事も、ロシアの産業にとってユダヤ人の役割は大きいとし、「ユダヤ人問題は戦争に直接の関係はない」といえるのか、と問いかけている（M.L. 1915, C. 3）。

当時ロシアはドイツと戦っていた。ある記事は、特に西部地域を念頭に、ユダヤ人の経済的な力の増強は、ドイツ人の経済的な影響力を削ぐと指摘する。そして、ポーランド人地主とユダヤ人が経済的に没落したところにドイツ人が参入してくるパターンを指摘した研究を引き合いに出している

(Berlin 1915, pp. 7-8)。

漠然とロシア臣民としての献身を約すのではなく、このように、ユダヤ人だからこそできるロシアへの貢献を訴えることで、ロシアへの愛国心とユダヤ人としてのアイデンティティをセットで呈示したところに、彼らリベラリストのユニークさがあった。

3　ポーランドとの関係

ロシア帝国がポーランドを支配する意味

ユダヤ人にとってロシアとのつながりを持つことは、経済以外の面でも重要な場合があった。多民族がひしめき合うロシア帝国におけるロシア国家の役割、特にポーランド・ナショナリストに対するお目付役としての役割を彼らは期待した。

確かにロシア政府はユダヤ人のみを締めつけていたわけではなく、かねてよりポーランド人の分離主義も警戒し、弾圧していた。つまり、ポーランドにおいてロシア政府は、結果的には両者に対して比較的等距離だった。

前章で見たように、一九〇六年の国会選挙を機に、ロシア領ポーランドではポーランド人とユダヤ人の関係が悪化していた。もしポーランドがロシアから独立したり、あるいはロシアからの干渉をある程度阻止できる自治を獲得したりした場合、ポーランドの範囲では完全なマジョリティとなるポーランド人によってユダヤ人は直接支配されることになる。少なくともロシア・ユダヤ人にとって、ポーランド人による直接支配はロシアによる間接支配より悪いものに思えた。

ポーランド（人）の問題は、ユダヤ人リベラリストの議論にしばしば登場する。

前述の「グループ」の機関誌『自由と平等』に載った「ポーランドの自治計画」という記事は、国会のポーランド人代表の会派「コロ」（ポーランド語で「コウォ」＝「サークル」の意）に対する懸念を表明している。

コロは右派ナショナリストであるドモフスキ率いる国民民主党所属の議員が中心となった集まりである。第一国会では、ポーランドの諸選挙区に割り当てられた三六議席のうち三四議席をポーランド人が獲得し（残り二議席はリトアニア人）、そのうちの二六人が国民民主党員で、残りも同党に近い者たちだった。

ポーランド人議員は、ロシア領ポーランド以外にも、ロシアの直轄地から二一名選出されていた。彼らもロシア領ポーランドの自治獲得を主要政策に掲げたコロに集結したのである。[5]

ポーランドにおいて、ユダヤ票の多い都市部では、国民民主党は勝利したものの農村部ほどの圧勝ではなく、直近の経験からも同党はユダヤ人に敵対的だった（Janus 1971, pp. 61-62）。

記事は、民主主義と自由は自治なしには成し遂げられない以上、自治そのものについては、ポーランドに限らず、ロシアのどの地域についても熱烈に支持すると述べている。しかし、米国やスイスのような連邦国家と同様、民主主義や自由といった概念と調和し、法に基づく必要があるという。

ところがコロの理念には「民族的エゴイズムと政府の鉄拳への恐れ」しか見られないし、公立学校の言語については、ロシア語やウクライナ語、リトアニア語の保護は言及されるがユダヤ人の言語は除外されているという。コロの指導者ドモフスキがユダヤ人を民族として認定していないからである。

記事は次のように釘を刺している。「まずもって、自治地域の憲章は、いくつかの条項に関する議論を通して〔…〕少数派諸民族の要求を受けた全帝国議会の批准なしに力を持つことはできないはずである」。そして、次のように締めくくる。「我々は誰に対してのロシア化にも強く反対するが、ユダヤ人のポーランド化は、それ以上に我々の心に怒りの火を付けることになることを、「コロ」の支配者は知っておくべきだ」("Proekt avtonomii Pol'shi", *Svoboda i ravenstvo*, 23, 1907, pp. 1-5)。

以上の議論からは、ポーランドがポーランド人の意のままになる地になることがないよう、全帝国的な統治原則によってユダヤ人を含む少数派の利益が保護されることを切に望む姿勢が浮かび上がってくる。

ポーランド人の反ユダヤ主義

ポーランドの自治は、帝政が崩壊して独立するまで実現することはなかった。しかしポーランドで激化する反ユダヤ主義については、引き続きロシア・ユダヤ人にとっても懸案の問題になっていく。『新ヴォスホート』の一九一〇年のある号では、「ハンマーと鉄敷《かなしき》のあいだ」にあるものとして、次のようにポーランドの状況が定義されている(「ハンマー」はロシア政府のこと、「鉄敷」はポーランド社会のことだろう)。

共通のハンマーがポーランド・ユダヤ人にもロシア・ユダヤ人にも打撃を与えているが、現況で特に悲しいのがポーランドにおけるユダヤ人の生活である。現況では、ほとんどすべての社会的な力がポーランドのユダヤ住民と一致して対決しており、反ユダヤ主義の熱狂が、大きな力で、しばしば大衆的で全ポーランド的な盲目さを導いている。

この記事が指摘するように、当時、経済におけるユダヤ人の力を削《そ》ぐためにユダヤ商店のボイコット・キャンペーンが繰り広げられるなど、すでに実害も出ていた。現地のカトリック・ポーランド人ブルジョワが成長していることが背景にあるという。地方都市やシュテットルでもポーランド人の店が増えていると、この記事は危機感を表明している（以上、I. A. Kleinman 1910a, pp. 12-15）。

また、ロシアとドイツ双方から侵略を受けてきたポーランド人の心理については次のような分析がなされる。ユダヤ人はロシア化の手先としてもドイツ化の手先としても糾弾されているが、果たしてそれは事実に基づいているのか。時々は事実に基づいていることもあるが、たいていは事実に基づかず、病理とも呼べる心理に基づいている。ロシア化についても、ウッジやワルシャワには統制の取れたユダヤ人の団体など存在せず、学校の言語（イディッシュ語かポーランド語か、あるいはヘブライ語をどこまで含めるか）をめぐってもユダヤ人は意見の統一が取れていないのを忘れたのだろうか――。

記事はドモフスキの矛盾も突いている。彼はユダヤ人の同化（ポーランド化）は破綻したとしてユダヤ人を敵視し、抑圧政策を正当化する。だが、もしユダヤ人の同化が不可能なら、それはユダヤ人が独立した民族であって、ポーランド人やドイツ人と同等であること、つまりドイツ化の手先たりえないことを意味するので、ドモフスキの懸念は当たらない (I. A. Kleinman 1910b, pp. 6-8)。こうして、記事はポーランド・ナショナリズムの厄介さを提示する。

『新ヴォスホート』の創刊は、ポーランドにおけるユダヤ人問題の先鋭化の時期と一致していた。ユダヤ世界内部でも、以前からある伝統主義者に対抗する議論だけでなく、ポーランド・ユダヤ人の同化主義者に対しても論陣が張られるようになった (Slutsky 1978, p. 351)。

このままではロシア帝国のユダヤ社会がロシア系とポーランド系に分断されるという危機感が、ユダヤ人のポーランド化を推し進めようとするドモフスキらに対する抗議として表れていたと見ることができるだろう。

ロシアの懐に入り込んでいたユダヤ人が恐れていたのは、ロシア帝国という枠組みの弱体化や崩壊によって、ドモフスキのようなポーランド化推進勢力を抑える者がいなくなることだった。

4　ロシア人の反応

多民族共生という伝統

以上のように、ユダヤ人の側にはロシアとつながる強い動機があった。では、ロシア人の側はどうだったのか。反ユダヤ主義で悪名高い帝政ロシアにあって、そうした「ラブコール」に呼応するロシア人などいたのだろうか。

まず改めて確認したいのは、ロシア帝国が多民族国家だったのは単なる事実ではなく、ロシア人が少なからず意識していたロシアの特徴でもあったということだ。

一九〇五年革命によって登場した立憲君主制下で、事実上の首相を最初に務めたセルゲイ・ヴィッテ（一八四九—一九一五年）は、ロシアを次のように描写している。

> 偉大なロシア帝国は、その一〇〇〇年の存在のなかで、ロシアに住むスラブ諸部族が武力や腕力、あるいは別の手段によって他の諸民族の大衆全体を徐々に吸収していく過程で形成された。こうした意味で、多様な民族の複合体としてのロシア帝国は生まれたのであり、それゆえ、本質的には、ロシアというものは存在せず、ロシア帝国のみが存在するのである。[6]（Vitte 1922, p. 116）

ヴィッテは一八九二年から一九〇三年まで財務相を務めた経済通であり、それゆえロシア経済におけるユダヤ人の役割もよく理解していた。実際、彼は財相時代、ロシアによる満州開拓に際して、経済的役割を見込んで、当地におけるユダヤ人の入植を推奨している（Shichman-Bowman 1999, p. 191）。また、皇帝の反ユダヤ主義に反対することもあった（ラウエ 一九七七、六六頁）。

ヴィッテは、今日のジョージア（グルジア）の首都であるトビリシに生まれた。父はルター派のバルト・ドイツ人を先祖に持っており、右の引用は彼自身の実感でもあった。そうした人物の存在が、

ヴィッテ

本章に登場するユダヤ人のロシアに対する信頼を支えていたことは確かだろう。事実、この文言は、一時期ヴィナヴェルとともに活動したこともある、次章の主人公ダニエル・パスマニクが著書『ロシア革命とユダヤ人』(一九二三年)のなかで自らの見解を代弁するものとして引用したものでもあった(Pasmanik 1923a, p. 245)。

一九〇五年革命を経て、一九〇六年三月に国会選挙が行われる運びになっていたが、ユダヤ人には選挙権が付与されないとの噂が立った。前章で見た「ロシアでユダヤ民族の完全な権利を獲得するための同盟」は、ヴィッテに代表団を送って請願を行い、これが奏功して、閣僚会議ではユダヤ人を外すという文言が外され、ユダヤ人の投票権が保障された(Gassenschmidt 1995, p. 26)。

もちろん、ユダヤ人リベラリストたちはヴィッテをはじめとする政府を全面的に信用していたわけではない。『ヴォスホート』に翌年掲載された記事によると、ポグロムに関するヴィッテの回答には、本腰を入れてユダヤ人を保護しようという意欲は感じられなかった[7](“Deputatsiia u gr. Vitte”; “Fabrikatsiia pogromov!”, *Voskhod*, 9, 1906, pp. 1-4)。

とはいえ、政府が革命運動のガス抜きのためにポグロムを仕掛けたという理解がユダヤ民衆のあいだではもっぱらだったことを考えれば、一応政府への不信感を表明しつつも全否定するわけではないこの記事は、リベラリストのレベルでは、ヴィッテをはじめとするロシアの中枢に対するある程度の期待があったことを示しているといえそうである。

ユダヤ人と共闘するロシア人

その期待は決して無根拠だったわけではない。ユダヤ人のために一肌脱ぐロシア人は確かに存在していたのである。

ヴィナヴェルの追悼記事を寄せたマクラコフは、ユダヤ人としての側面を隠さないヴィナヴェルを、だからこそ信頼していた。先の述懐は、両者が単にロシアの法的基盤整備に関して利害を共有していただけでなく、ヴィナヴェルがユダヤ人であるからこそ、その問題をロシア全体の問題として切実に感じていたことをマクラコフがよく理解していることを示している。

実のところマクラコフもまた、ユダヤ人の問題はロシア全体の問題だと真剣に考えていた。

例えば、一九一〇年、カデットはユダヤ人差別の象徴だったユダヤ人定住区域を撤廃する法案を提出している。国会のカデット議員の取りまとめ役だったマクラコフは、「不当な国家の政策によって、国家は各々のユダヤ人に対して罪深いものとなった」と述べた。「私は反ユダヤ主義者に対して、反ユダヤ主義者であるための道徳的な権利を獲得するために、まずはユダヤ人の平等な権利を承認することを要求しなければならない、と言うだろう」（Kel'ner 2018, p. 226）。権利の平等は、たとえ反ユダヤ主義者であっても踏まえなければならない最も基本的なことであり、それを要求できないなら、反ユダヤ主義者の名にすら値しない、というわけである。

法案自体は通らなかったが、国会の場でロシア人がユダヤ人の問題を自らの問題として熱弁した瞬間だった。

一九一一年にウクライナで発生し、「ロシアのドレフュス事件」とも呼ばれたベイリス事件でも、マクラコフは、犯人に仕立て上げられたユダヤ人メナヘム・ベイリスの弁護人を務めた[8]（Rogger 1986, pp. 44-45）。ドレフュス事件とは、一八九四年にフランスでユダヤ人将校アルフレッド・ドレフュスがドイツのスパイであるとの濡れ衣を着せられた冤罪事件である。フランス人のなかでドレフュスを擁護した作家エミール・ゾラの存在はよく知られているが、ロシアにもそのような局面は存在していたのだ。

ロシアで起こったベイリス事件は、ユダヤ史上しばしば発生した「血の中傷」と呼ばれる、偏見に基づく冤罪事件の一つである。一九一一年、ウクライナでキリスト教徒の少年が誘拐殺害される事件が起こった。その少年の血を儀式に使うことを目的としたユダヤ人の犯行だという根拠のない噂によってベイリスが逮捕され、裁判にかけられたのである。これに対して、ユダヤ人のみならず、ロシア人からも批判の声が上がり、最終的にベイリスは無罪とされた（ただし、犯人がベイリスではなかったというだけで、儀式殺人自体はあったとされた）。

ベイリス事件は、当時のロシアの反ユダヤ主義をその後のユダヤ人が語り継ぐ際の象徴になっていったが、同時代のユダヤ人にとって、ロシア人のなかに自分たちの擁護に回る者が少なからずいたことは、大きな励みになったはずだ。

『ヴォスホート』では、マクラコフに限らず、ユダヤ人問題に真剣に取り組もうとするロシア人について、以前からしばしば言及がなされていた。

一九〇五年のある号は、ロシアの言論界において、以前は主流から外れた問題としてしか扱われなかったユダヤ人問題について、(一九〇五年革命を経た)今日では扱われない日はなく、しかもラディカルなトーンになっていると指摘している。ロシアの進歩的な潮流のなかでは、ユダヤ人問題の存在を、他のロシアの諸問題と絡んだ問題として、共通の土台に載せてロシア社会に対して説明するようになったという。

例えば、あるロシア人ジャーナリストが、ロシアの法制度によってつくられたユダヤ人の状況は、とりわけ政治的な罪であり、ユダヤ人問題の解決は、最も重要な帝国の問題の一つであると述べたことが紹介されている(D. G. 1905a, pp. 6-7)。

ユダヤ人に選挙権を与えないという先述の話が持ち上がった際、『ヴォスホート』は、それに反対したあるロシア人経済学者の見解を紹介した。彼は、ユダヤ人は歴史上、ロシアの解放運動における共闘仲間だったという理解を示したのち、次のように続ける。

> ユダヤ人に平等な権利がない状態との闘いは、したがって、単なる愛国心や初歩的な正義の感覚、政治的な計算の問題だけでなく、ロシアの「キリスト教の」インテリゲンツィアにとっては尊厳の問題でもある。(D. G. 1905b, pp. 6-8)

もっとも、こうした見解がロシア社会の大勢を占めたわけではない。社会全体が反ユダヤ主義一辺倒というわけでは決してなかったにしても、これほど明確にユダヤ人との連帯を掲げる例は知識層の一部に限られていた。[9]

しかしユダヤ人リベラリストは、社会の大勢に従って動いていたのではない。彼らの信念に呼応するロシア人の存在は、少数であっても彼らの手応えになっていた。

5　一九一七年革命とユダヤ人

第一次世界大戦と二月革命

一九一四年七月に第一次世界大戦が始まると、ロシア・ユダヤ人は総じて祖国への忠誠を示した。当時家族とスイスに滞在していたヴィナヴェルも、イタリア、ブルガリアと抜けて黒海沿岸のオデッサ経由でロシア帝国に戻っている（Kel'ner 2018, p. 307）。ロシア軍には五〇万人のユダヤ人が従軍した（Polonsky 2012, pp. 6 ff.）。リベラリストはもちろん、シオニストも機関誌『ラスヴェト』（『夜明け』）で次のように宣言する。

我々の市民権の欠如は我々の市民としての義務とは結びつかない。ユダヤ人は常に市民としての義務を意識していることを示してきたし、この瞬間に、それを最大限示していくことになるだろう。(Altshuler 1973, p. 13)

一人前の市民として認められていないが、市民としての義務はしっかり果たす、というのである。マイノリティの国家への忠誠を訝《いぶか》しむ向きは、今日に至るまでどこの世界でも少なくないが、歴史が示すのは、たとえ邪険にされても、マイノリティはその恨みを戦時に晴らすということはせず、むしろマジョリティ以上に忠誠心を強く打ち出すことさえあるということだ。

だが、ロシア上層部、特に軍部のユダヤ人への偏見は相変わらずで、前線となった西部国境地域から、ユダヤ人はロシア内部へと強制移住させられた。この地域にはユダヤ人口が最も集中しており、敵国であるオーストリア・ハンガリー帝国のユダヤ人とつながる恐れがある、というのが当局の論理である。皮肉にも、これがリベラリストらが久しく訴えてきた「定住区域」の撤廃をなし崩し的に進めるきっかけになったが、ユダヤ人の苦難は甚大だった(Polonsky 2012, pp. 7-8)。

どこの世界でも、政府と国民一般は必ずしも一致しているわけではない。国民はもちろん多様だが、このときも、ロシア人の知識人のなかには、ユダヤ人に対する抑圧に抗議する者たちがいた。マクシム・ゴーリキーやレオニード・アンドレーフをはじめとするリベラル派の作家や社会活動家は「ユダヤ人の生活研究のためのロシア協会」を立ち上げ、ロシアにおける反ユダヤ的な状況を変えようとする。

特に具体的な成果が上がったわけではないが、そこではユダヤ人がロシア文化にいかに貢献してきたのかということ、ユダヤ人を含めた国民の一体化が重要であること、実際にユダヤ人も多く従軍していることなどが議論された。彼らはヴィナヴェルらユダヤ系のリベラリストとも親交があり、ゴーリキーはもともと親ユダヤ的な人物として知られている（Kel'ner 2018, pp. 347-366）。

そうこうしているうちに、他の国と同様に、この戦争が長引くとは思っていなかったロシアは次第に疲弊していく。そうしたなかで訪れたのが一九一七年の二月革命だった。ここにツァーリ体制は打倒され、リベラリストを中心として、社会主義者からも一定の支持を得た臨時政府が立ち上げられることになった。ヴィナヴェルも、カデット左派の中心的人物の一人として、この政府の一体性のために奮闘した。

臨時政府は、他の人々に対してと同様に、ユダヤ人に対しても差別的な法律を撤廃した。どの層のユダヤ人にとっても、この二月革命は歓迎すべきもので、ロシアの未来は明るく映ったことだろう。

ボリシェヴィキ＝ユダヤ人というステレオタイプ

だが、それもつかの間のことだった。

他の同盟国との約束通りドイツとの戦いを続ける臨時政府首脳部に対しては、次第に不満が高まっていく。そしてボリシェヴィキが立ち上がった。一〇月革命である。もっとも、この革命は国民の大勢に基づく体制転覆というよりは、ボリシェヴィキのクーデターであるとする評価もあるように、ボリシェヴィキは力ずくで政権を乗っ取り、ロシア全土での権力掌握に向けて動き出したため、この革命はさらなる混乱をロシアにもたらした。

程なく革命派（ボリシェヴィキ）の赤軍と反革命派（リベラリストと右翼）の白軍に分かれて、ロシアは数年間の内戦に突入する。しかもウクライナでは、その対立とは別に、ロシアからの独立を狙うウクライナ民族主義者も独自に武器を取り、三つどもえの闘いとなった。

こうした展開は、多くのユダヤ人にとって、二月革命がもたらした希望を打ち砕くものだった。

今日では、ボリシェヴィキといえばユダヤ人というイメージが先行しているが、少なくとも革命前の時点では、ユダヤ人がボリシェヴィキに占める割合は、ロシア帝国における人口比と大きく違わなかった。むしろ、ユダヤ人は非レーニン派のメンシェヴィキのほうではるかに大きな割合を占めており、ユダヤ人独自の社会主義組織「ブンド」、さらには社会主義シオニスト組織「ポアレイ・ツィオン（シオンの労働者）」等に集まっていた。

にもかかわらず「ボリシェヴィキ＝ユダヤ人」というイメージが広がった背景には、次のような事実が絡んでいる。

ウクライナ地域だけをとっても、内戦期の一九一八年から二〇年にかけて、一五〇〇件以上のポグロムが発生し、ユダヤ人の犠牲者は少なくとも五万人、最も多い見積もりでは二〇万人に上っている(Budnitskii 2012, pp. 216-217)。これは、シオニズムの契機として語られる一八八一年からのポグロムや、それよりも大規模化した一九〇三年から〇六年のあいだのポグロムとは比較にならない規模である。

一〇月革命後の内戦期において、ボリシェヴィキは反ユダヤ主義やポグロムとまったく無縁だったわけではないが、ほぼ唯一その抑制に真剣に取り組んだ勢力だった。ボリシェヴィキは必ずしも親ユダヤ的だったわけではなく、ブルジョワが真の敵から目をそらすために広めたデマだとして反ユダヤ主義を危険視していた。

そうしたなかで、ユダヤ人の目には主要勢力のなかで最もましなものとしてボリシェヴィキは映った。近しい者を白軍に殺された復讐のために赤軍に入隊したユダヤ人もいる。ユダヤ人は、思想ではなく、文字通り生死の選択としてボリシェヴィキ体制に傾いていったのである（ギテルマン 二〇〇二、一二九—一三二頁）。

もっとも、「ボリシェヴィキ＝ユダヤ人」というイメージは、このような革命後の傾向だけでなく、革命以前から根強くあった反ユダヤ主義とも大いに関係している。ユダヤ人は世界を支配しようとしているのではないかという陰謀論的なステレオタイプは、ロシアで生まれた偽書『シオンの賢者の議定書』などをはじめ蔓延していた。

ボリシェヴィキに対抗する諸勢力は、トロツキーやジノヴィエフといったボリシェヴィキのユダヤ出自の有力者をあげつらうなど、ごく一部の例を一般化（拡大解釈）して、民衆がもともと持っていた反ユダヤ主義を梃子《てこ》にしながら運動を展開していった。ボリシェヴィキがなぜロシアにとって問題なのかを理詰めで説明するより、ボリシェヴィキはユダヤ人だから危険だと言うほうがわかりやすかったのだ。

ボリシェヴィキの欠点

だが、トロツキーら、ユダヤ人意識をほとんど失っていた者はともかく、ユダヤ人の少なからぬ部分にとって、ボリシェヴィキの思想は決して歓迎できるものではなかった。というのも、社会主義のボリシェヴィキは宗教を敵視していたので伝統的なユダヤ教とは相容れなかったし、資本主義体制を打倒してブルジョワを壊滅することを目指していたため、ユダヤ経済の中心を担っていた商業にはきわめて敵対的だったからである。

もちろん、プロレタリア階級が急速に増加していたユダヤ社会にあって、すべての民族の平等を掲げていたボリシェヴィキに魅力がなかったわけではない。だが、他の社会主義者もカデットもユダヤ人の権利向上を掲げていたので、ボリシェヴィキでなければならない理由にはならなかった。

それゆえ、一九一八年から本格的に始まった、赤軍と白軍にウクライナの独立を訴えるウクライナ民族主義者も加わった内戦では、白軍の側に与するユダヤ人がそれなりに存在したし、ユダヤ人の実業家のなかには白軍を支援する者もいた（Budnitskii 2012, p. 144）。

6 内戦と亡命

白軍側での亡命

内戦が始まると、共産主義の拡大を恐れる西側諸国が白軍を支援したものの、トロツキーの活躍などもあって、次第に赤軍の優勢は抗しがたいものとなり、一九二〇年にはポーランド・ソヴィエト戦争も勃発する。ユダヤ人にとってこの状況はきわめて厳しいものだった。

ミリュコフ

そうしたなか、ボリシェヴィキを嫌うユダヤ人リベラリストは西に亡命していく。白系ロシア人（白軍側についたロシア人）の拠点の一つだったパリは、そうしたユダヤ人にとっても大きな拠点となる。そこでユダヤ人リベラリストの中心になったのは、ヴィナヴェルだった。

内戦最中の一九一九年、ヴィナヴェルはクリミアに設置された白系の地方政府で外務大臣を務めたが、程なくして赤軍に攻め込まれて崩壊すると、パリに移住する。そこでロシア人ミリュコフとともに白系ロシア人の新聞『ポスレドニエ・ノヴォスチ』（『最新ニュース』）を編集しつつ、一九二〇年にはロシア語の週刊誌『ユダヤ・トリビューン』を創刊するなど、かわらず自由主義ロシア人と自由主義ユダヤ人の双方のなかで指導的立場を担った[10]（Horowitz 2013, p. 37; Gassenschmidt 2010）。

しかしユダヤ人は内戦の過程で、白軍からはボリシェヴィキであるとして攻撃され、ウクライナ・ナショナリストからは、ウクライナの独立を阻むロシア人の手先だと非難された。多くの場合は根拠が不明なユダヤ人へのこうした反感は、ホロコースト以前の歴史では最も凄惨なポグロムに発展していくことになる。そのため、白軍を支持したユダヤ人の存在は、今日ではユダヤ史の暗部になってしまっている。

にもかかわらず、なぜヴィナヴェルらは白軍に付き、亡命後も同じ界隈で活動し続けたのか。

白軍支持の背景

すでに述べたように、ボリシェヴィキの宗教政策や経済政策はユダヤ人にとって破滅的だと考えるユダヤ人にとって、残る選択肢は白軍ぐらいだった、というのが理由の一つである。とはいえ、少なくとも短期的には白軍のポグロムにユダヤ人が苦しめられていたことを、白軍を支持したユダヤ人はどう考えていたのだろうか。

実はそこにも当時としては難しい判断があった。ポグロムに対する捉え方によっては、長期的に見てボリシェヴィキにポグロムを防ぐ能力はないのではないかと彼らは考えたのである。彼らはボリシェヴィキを統治能力のない、ならず者集団と見なし、ロシアにさらなる混乱をもたらすものとみなしていた。

ポグロムの実態は、ユダヤ人に対する身体的な攻撃にとどまらず、商店の略奪も目立つ。これは警察や軍をはじめとする国家的秩序の担い手が不在であることが原因であり、国家が安定していれば、たとえ反ユダヤ主義的な雰囲気が蔓延していても、ポグロムにまで至るケースはかなり軽減されると彼らは踏んだのである。

この観点については、次章で見るパスマニクが最も明確に打ち出していたので、詳しくはそこでさらに見ていく。

ポーランドとの関係

より大局的には、他のナショナリスト運動との兼ね合いもあっただろう。特に、ポーランドである。ロシア帝国と同様の版図の復活を目指す白軍に対して、赤軍はドイツのみならず、ポーランドにも妥協的だった。すでに見たように、ロシア人のリベラリストもポーランドがロシアから切り離されていくことに懸念を持つ場合が多かった。

『ユダヤ・トリビューン』の創刊号に、ヴィナヴェルは「ロシアの問題」という論考を寄稿している。それによると、現在のロシアが直面しているのはポーランドなどの分離主義とボリシェヴィズムという相互に関連し合った問題である。しかしユダヤ人にとっては、経済においてもロシアの一体性が重要で、それはシオニストであろうとなかろうと共有されている問題意識だという（Vinaver 1920a, pp. 3-4)。

ポーランドの離脱はユダヤ世界の分断を意味していた。しかも、被害者意識の強いポーランド・ナショナリズムは、自らの領土にいる他の民族に対して非妥協的な傾向があり、ポーランド独立に積極的に協力しない者を裏切り者と見なす傾向があった。

ワルシャワに生まれてロシアの国会議員になったヴィナヴェルが白系勢力に加わった背景には、ポーランドのユダヤ人にとっても、ロシアの一体性を壊すボリシェヴィキは危険だという感覚があっただろう。

第一次世界大戦後、旧オーストリア・ハンガリー帝国領を中心に、東欧は民族ごとに国家を持つ体制に変わった。しかし、どの国も必ず人口の何割かを少数民族が占めていた。大戦後の諸条約では、ポーランドをはじめとする新生各国は、彼らの保護を約束しており、新しく設置された国際連盟も新生国家の少数民族問題を調停することになっていた。

ところが、少なくともユダヤ人に関して、この制度は早晩形骸化していく（この制度の歴史については、水野 二〇〇六、三五―六〇頁を参照）。

例えば一九二一年の『ユダヤ・トリビューン』のある記事は、同年三月にリガで調印されたポーランド・ソヴィエト戦争の平和条約が、パリ講和条約で取り決められていた少数民族の権利保護の義務をポーランド政府が破っていることを批判している。「すべての文化世界に対して、その「東方への衝動」によって、自らの代表が調印した国際的な合意には頓着しないことを表明した」と記事は突き放す（Gronskii 1921, pp. 1-2）。

また「ポーランドの破壊」と題された記事は次のように書いた。

ポーランド政府の反ユダヤ主義は、憲法の許すべからざる蹂躙や民主的な理念の冒瀆であるばかりか、ヨーロッパの公法の恥ずべき動揺であり、ポーランドを打ち立てた国際的な法令そのものの破壊である。（Mirskii 1921b, p. 4）

ロシア帝国の一体性が崩れた結果に、彼らは危機感を抱いていた。

ユダヤ人が活躍する舞台としてのロシア

だが、彼らはそうしたネガティヴな要因だけで、つまり消去法だけでロシアを重視していたわけではない。彼らは、何よりもロシアという場こそが、ロシア・ユダヤ人にとって自己を成就させられる場だと確信していたのである。それこそが、彼らがロシア界隈にとどまり続けた最大の理由だった。『ユダヤ・トリビューン』の創刊号に掲げられた「我々の綱領」には次のような一節がある。

ユダヤ人は法の民族である。古代の伝統においてだけでなく、すべての歴史的経験のなかで、また実際の道徳的・物質的利益においても。法の不在、アナーキー、そして感情の無法状態は、誰よりもユダヤ人にとって有害である。ユダヤ人にとっての法の崇高さとは、理想であるだけでなく、喫緊の要求であり、切実な必要である。だからこそ、ロシアのユダヤ人はこれほど積極的に、専制と暴力に対する法の勝利への偉大な闘争に参加したのだ。(Blank 1920, p. 2)

もちろん、それほど法秩序が大切なら、法秩序が最も守られている国に移民すればよいのではないかという疑問が浮かぶかもしれない。だが、彼らは自らの手でロシアをそのような国に変革する気概に溢れるほど、ロシアを自らが立つべき舞台だと考えていたのである。

『ユダヤ・トリビューン』の主要な関心は反ユダヤ主義とロシアの民主化および再統合にあった。ある記事は、帝国中に拡散しているユダヤ人にとっては、ロシアは統合されていたほうが望ましいと説く。また別の記事は、ユダヤ人のロシアでの役割として「西欧化」があると指摘している。その「文化の確立や理性への信仰、そして創造的な実証主義〔地に足のついた科学的な思考といった意味だろう〕への飽くなき希求」ゆえだという[11] (Kaplan 1993, pp. 167-180)。

ロシアにおけるユダヤ人ゆえの役割という考え方は、同誌を紐解いていくとしばしば目にする。次の引用は、西欧化推進者としての役割を唱える記事の一節である。

〔…〕迫害され、どこでも無権利状態のユダヤ人は常に西欧主義者であり、ヨーロッパ人である。〔…〕しばしばロシア人以上にヨーロッパ人であり、時にヨーロッパ人以上にヨーロッパ人である。〔…〕ユダヤ人は都市民であって、街の出身であり、野原の出身ではない。〔…〕インテリであり、商人であり、都市の人間であり、西欧の人間である。〔…〕ロシア・ユダヤ人は西欧主義者であるだけでなく、文化的である。西欧や民主主義、また「独自性」に対峙する「都市」を擁護するだけでなく、常にそれを疲弊させようとする「スキタイ人」〔イラン系の騎馬民族で、スラブ人の源流の一つとされる人々〕に対峙する文明を擁護するだろうし、常に「ヨーロッパのロシア」を擁護して、「ヨーロッパに対峙するロシア」を擁護することは一切ない。(Mirskii 1921a, p. 2)

こうした言い方は、ロシア人の怒りを買うのではないかと心配になるが、いずれにしても彼らの自負をよく示している。

ユダヤ人のロシアにおける役割として提示されていたもう一つの典型は、例の経済的役割である。

例えば、「ロシアの経済的復興事業におけるユダヤ人の役割」という記事は、「ロシアの産業・商業活動のなかでその中核にユダヤ人を含まない領域は存在しない」と主張している（Mikhel'son 1920, p. 3）。

また、「ユダヤ人とロシアの経済的上昇」と題された記事では、「ユダヤ人に、人種的な差別のない〔…〕真の平等な権利を与えよ。これはロシアの経済的な再興、および外国の支配に対する防衛のための最初の必要条件である」との呼びかけがなされている（Apostol 1920, p. 3）。一九一七年のロシア革命までに、ユダヤ人の市民としての法的不平等は解消されていた以上、これはさらに民族的権利も認めよという意味だろう。このように強気に出るほど、彼らはユダヤ人のロシアに対する貢献に自負を持っていたのである。

ロシアとユダヤの特別な関係

ユダヤ人リベラリストの想いに呼応するロシア人の存在を、彼らは亡命先でも意識し続けていた。興味深いのは、ユダヤ人リベラリストとは別の意味でロシアにおけるユダヤ人の存在を特別視していた——つまり、理由はともかく、ロシア（人）とユダヤ人の特別な関係を認める点では一致する——論者が『ユダヤ・トリビューン』で紹介されていることである。

その論者とは、宗教哲学者としてロシア内外で名高いヴラディーミル・ソロヴィヨフとニコライ・ベルジャーエフである。両者ともユダヤ人問題をキリスト教徒の問題として捉え、ユダヤ人の信仰とキリスト教徒のそれは相互につながっており、真のキリスト教徒は暴力的な反ユダヤ主義を克服できるはずだと考えた。

彼らにとって、ユダヤ人は普遍的な使命と民族的な使命の両方を保持する存在だった[12] (Kornblatt 1997; Berline 1947, p. 287)。実際、ソロヴィヨフは、一八八一年に始まったポグロムに象徴される反ユダヤ主義の高まりに対して、キリスト教徒として反対を表明している（赤尾 二〇〇七、四三頁）。

彼らキリスト教思想家の基礎には、キリスト教こそが正しく、そのことに気づかないユダヤ人は間違っているが、それに気づかせられないのはキリスト教徒の責任だという発想がある。

むろん、これはユダヤ人から見れば余計なお世話である。だが世俗的なリベラリストにとってそのことはあまり重要ではなく、ロシアにおけるユダヤ人の特別な位置を認めるという構図が魅力的だったのである。事実、『ユダヤ・トリビューン』では、ソロヴィヨフとベルジャーエフの名前が幾度か好意的に言及されている。

例えば、ソロヴィヨフの没後二〇周年を記念した特集がある。その巻頭を飾る記事でヴィナヴェルは、ソロヴィヨフが死の床でユダヤ人のために祈ったというエピソードを紹介し、次のように彼を称賛した。

> 西欧人にとって、ロシア世界はこれからも長きにわたって謎の連続であろうし、その一つが〔…〕ロシアのユダヤ人問題である。継母的な母国からのそれほどまでの敵意に耐えるこの民族〔ユダヤ人〕は、なぜそれほどまでの精神的な熱望とともに、またそれほどまでの輝かしい未来への希望に満ちて、それ〔ロシア〕に引き戻されるのか。その希望の担保は何か。最大の理由

は、ロシアの民族的な天才を最も明白に具現化したロシアの人々の姿にある。彼らのなかにこそ我々のロシアとのつながりがあり、彼らのなかにこそ、我々の未来の担保がある。彼らの一人、それがソロヴィヨフである。(Vinaver 1920b, p. 1)

同特集の別の記事では、ソロヴィヨフが、ロシアの自由主義的親ユダヤ主義者が主張したようなユダヤ人に対する平等な権利の付与だけでは満足せず、将来の国家におけるユダヤ人の特別な地位を要求したことが指摘されている (Minskii 1920, p. 2)。

ベルジャーエフについては、一九二四年の同誌に、カデットの新聞『ルリ』(『舵』)に掲載された彼の記事が転載されている。「キリスト教徒の問題としてのユダヤ人問題」と題されたその記事は、反ユダヤ主義の様々な形態をまず整理してみせる。ベルジャーエフによると、人種主義的な反ユダヤ主義はドイツに特有のものであり、ロシアで支配的な宗教的な反ユダヤ主義は、キリスト教徒はイエスがユダヤ人から生まれたことを忘れていないため、人種主義的なものには転換しえない。

反ユダヤ的なキリスト教徒と反キリスト教的なユダヤ人は、実際には多くの共通点を持っているとベルジャーエフは指摘する。例えば、反ユダヤ的なキリスト教徒であっても、ユダヤ的なメシア思想に献身しているし、現世における王国や楽園という反キリスト的なユダヤ的思想であっても、ユダヤ人だけでなくアーリア人にも関係している。アーリア人にも神の王国は開かれているからである。

ベルジャーエフは次のように論じる。「ロシアの精神的諸要素やロシアのキリスト教において、ユダヤ・キリスト教的な民族メシアニズム的要素は強かった。ロシア人は「地上の楽園」、地上における絶対的な正義の王国の実現をユダヤ人とともに試みるべきだった」。ベルジャーエフは、暴力的な反ユダヤ主義はロシア精神の死であると訴えたのである（Berdiaev 1924, pp. 1-3)。

このようなロシア人の存在とその記憶は、亡命後もリベラリストがロシアとつながり続けることを大きく後押ししていた。

民族でもなく同化でもなく

ヴィナヴェルらロシア・ユダヤ人リベラリストたちにとって、ロシアという舞台でユダヤ人は固有の役割を持ち、そこでこそ自らの特性を発揮するはずだった。その意味で、彼らの自己のなかでのユダヤ的側面とロシア的側面の関係は相補型である。

改めて振り返ると、ロシア・ユダヤ・リベラリストは、シオニストなどのユダヤ・ナショナリストと西欧の同化主義者の中間的なあり方を模索していたといえる。彼らは、シオニズムだけでなく、ディアスポラでの文化的自治を目指すセミョン・ドゥブノフらの自治主義についても、民族的なかたまりを打ち立てることになるとして（協調的ではあったが）懸念を示していた。

彼らのこうした姿勢はどのように整理できるだろうか。

第一章で「併存型」としてのあり方の典型例として言及したゴルドンの「通りでは人間として、家ではユダヤ人として生きよ」という標語は、私的領域と公的領域での民族性の使い分けを説いたものだった。

一九世紀の「ロシア・ユダヤ人」について研究したベンジャミン・ネーサンズによると、ヴィナヴエルらロシア・ユダヤ・リベラリストたちは、一方ではゴルドンより限定的に「人間」を捉えて「ロシア市民」と定義し、もう一方ではユダヤ人としての領域を「家」にとどめず、公的な次元にまで拡大した。

そうしてロシア・ユダヤ人は、もともとロシア人を中心に流通していた「ロシア人」という概念を、ユダヤ人など他の民族も含む形に拡張しようとした（Nathans 2002, pp. 337-338）。つまり、「ロシア人」と「ユダヤ人」を場面に応じて使い分けるという割り切った生き方をするのではなく、両者の境界を残しつつも相互浸透的にしたのだ。

だからこそ、先述のように、彼らリベラリストはユダヤ人に「籠もる」ことも意識的に避けた。ユダヤ人としての権利要求の点でリベラリストは不十分だったと、自治主義者ドゥブノフから後々まで批判されることになったのはその証左である（Rabinovitch 2014, pp. 275-276）。

民族的なものについて必要最小限の定義にとどめ、あとは個人の自由に任せるというこうした姿勢は、西欧的なリベラリズムの原義に忠実なものだったといえるだろう。

二〇年代のロシア・ユダヤ人の居場所

しかし、内戦も終わった一九二〇年代半ばにいたると、そのような姿勢を持ち続けるユダヤ人の数は減少していく。『ユダヤ・トリビューン』は一九二四年に終刊となり、ヴィナヴェルも一九二六年にパリで生涯を閉じた。

ロシアに残ったユダヤ人の多くはソ連体制のなかで新たな役割を得ようと奮闘し、部分的に、あるいは一時的に成功する者もいた（ちなみに、ソ連では、現在のロシア連邦にも残る「ユダヤ自治州」が極東に設置された）。

リベラリストや社会主義者でロシアを去った者の多くはアメリカに落ち着き、そこでアメリカ的なものを自己のなかのユダヤ的側面の新たなパートナーとして馴染ませていくことになった。一九二一年からアメリカが移民を制限し始めたこともあり、その後はパレスチナに向かうユダヤ人が増えていく。

もっとも、シオニストでもしばらくディアスポラにとどまる場合が少なくなかった。まだ多くディアスポラに暮らしているユダヤ人同胞をシオニズムに導く役割が残っていたし、住み慣れたヨーロッパに残りたいという思いも少なからずあったのかもしれない。

ドゥブノフから始まる自治主義者は、ポーランドに拠点を移した。だが第二次大戦が近づく頃にポーランドの反ユダヤ主義がいよいよ激化するにつれて、自治主義者たちはユダヤ共同体に閉じ、再びゲットー化していったという（Karlip 2013）。

ロシアをはじめとするディアスポラでの様々な状況や経験の結果、ある潮流は縮小し、ある潮流は拡大していった。ロシア人とのつながりのなかでこそ生きていくというリベラリズムの潮流は、ロシアという基盤を失って以降、あるいはそこでの苦い経験を経て、分が悪くなっていったのは確かである。

＊

ロシア・ユダヤ人のリベラリストは、ロシアを自らが活躍できる舞台として考えた。だからこそ、その舞台を大切にしようとしたし、それは間違いなく自己の一部だった。ロシア革命という大きな転換期に、彼らはロシア人と同じように苦悩し、ロシアを守るべく奮闘した。

彼らのなかで、ユダヤ的側面とロシア的側面はゼロサム関係にはなかった。むしろ、ユダヤ人としての意識を強く持つほどロシアへの意識も高まったし、ロシアへの意識が高まることで、経済や文化の面でロシアを強化していく存在、あるいはロシアの民主化のバロメーターとしてのユダヤ人への思いも強まった。

そうした関係性は、ロシア帝国が崩壊し、ロシアの外に出て、いわばロシア国家に気を遣う必要がなくなってからも続いていく。

第四章

ファシズムを支持したユダヤ人

リベラル・シオニストにとっての国家

ロシアとのつながりを強く持ち、亡命後までそれを続けていたリベラリストと比べると、シオニストのなかではユダヤ的側面とロシア的側面のあいだには多少の距離感があった。イスラエル国家が結実した頃には、それらのつながりはほとんど切れてしまうことになる。しかし実は、シオニストも当初はロシアとそれなりにつながりを持ち、また意識してもいた。両側面間の距離はどのような契機によって開いていき、最終的に疎遠になったのか。

本章では、その微妙な距離感を保っていたこの時期特有のシオニストであるダニエル・パスマニクに注目しながら、シオニストにとってロシアが当初持っていた意味を探っていく。

1　ユダヤとロシアの邂逅

二つの二重忠誠

ロシア革命史上最も衝撃的なスパイにエヴノ・アゼフ（一八六九―一九一八年）という人物がいる。アゼフは、社会主義者・革命家党の戦闘団指導者にして党中央委員だった。「エスエル」と通称される同党は、一九一七年一〇月革命直後に実施された憲法制定会議選挙で第一党に躍り出た、ロシア革命の中軸の一つであり、アゼフは政府要人の暗殺を成功に導いて、党員の揺るぎない信頼を得ていた。

ところが彼は秘密警察の一員でもあり、ロシア国内外での革命家の活動について警察に情報提供を行っていた。もちろんエスエル党員にとっては承服しがたい矛盾した行動である。それゆえ、ヴラディーミル・ブルツェフ（一八六二―一九四二年）が自ら突き止めたその事実を党員に伝えたとき、彼らはブルツェフこそがスパイだと考えたほどだった。

沿ヴォルガ地方のロシア人軍人の家に生まれ、ペテルブルク大学とカザン大学に学んだブルツェフは、この当時、ロシア内外で文筆家・出版者として活動していた。晩年にはパリで反ボリシェヴィキ活動に身を投じ、当時はそれなりに知られていたが、今ではせいぜいこのアゼフの関連で名前が登場するにすぎない。

このブルツェフは、実はもう一人の「二重忠誠者」とも深く関わっていた。ただしその人物は、アゼフと違って二つの側面を隠さなかった。その人物は、ブルツェフの自伝（一九二四年）のなかのある一幕（一八八八年）で次のように登場する。

ブルツェフ

チューリヒにおけるロシア亡命者のある集会で、「人民の意志」派や当時結成されたばかりのエス・エル党が〔…〕社会民主主義者と論争した時のことである。ラヴローフ、プレハーノフ、チホミーロフらに混ざって、一人の青年が私の目にとまった。二十そこそこであった。ひどくどもりながらも何回か演説者をさえぎって発言した。その発言内容に、私は強く惹かれた。彼は、党というものがもつ狭量な性格を鋭く突き、広い視野に立つ政治的、人道的綱領を擁護し、より広い層とのつながりの必要性を説いた。私は、この青年とはいずれ行動をともにすることになろうとなんの疑念もなく信じた。

それは、若きパスマニクだった。彼は当時、この表現が許されるならば、最も典型的なユダヤ人だった。背が低く敏捷で、痩せ細り、見るからに困窮し、飢えていることがはたからもわかった。だが、彼は頑固なまでに自説を主張する情熱的な青年だった。正しいと信じることのみに生きようとする人間だった。この頃私は〔…〕老若の亡命者を多く知ったが、思想的に一番近かったのはこのパスマニクだった。(ブールツェフ 一九八一、三七頁)

当時、ダニエル・パスマニク(一八六九―一九三〇年)は、ロシアからの留学生だった。この頃はもっぱらマルクス主義に代表される唯物論に重きを置いていたが、テオドール・ヘルツル(一八六〇―一九〇四年)が一八九七年に世界シオニスト機構を立ち上げてから程なくして、自由主義系シオニストとして政治・文筆活動を開始する。

シオニスト運動のなかでパスマニクは、少なくとも一九一七年までは、同じ界隈で活動し、現在でもシオニズム史上の最重要人物の一人とされるヴラディーミル・ジャボティンスキーと同等かそれ以上に名を知られていた。

ところが、二月革命でロシア・リベラリズムの雄たるカデットに入党すると、一〇月革命後にはドイツ軍や白軍に支えられたカデット主導のクリミア地方政府で反ボリシェヴィキの活動に身を投じるのである。一九一九年にはパリに亡命し、一時期ブルツェフとともに白系ロシア人の日刊紙を編集したのち、静かに生涯を終えている。

　四半世紀以上前に出版されたシオニズム史のいくつかの文献[1]を除くと、今日パスマニクがわずかに言及されることがあるとすれば、そのほとんどが白系ロシア人としてであり[2]、現在のユダヤ史研究者で彼のことをよく知る者は皆無に等しい。

アゼフとパスマニク、そしてヴィナヴェルの違い

　アゼフの自己のなかで、エスエルの活動家としての側面と秘密警察としての側面の関係性は、相互に別々の世界を生きていたという点で、彼の自己のなかの諸側面の関係性は併存型だった。もっとも、秘密警察としての側面は、エスエルから第一級の情報を得られる立場にあることで担保されていたため、秘密警察としての側面は革命家としての側面に依存していたともいえる。だが逆はおそらくなかった以上、決して相互依存的ではないし、少なくともエスエル関係者にはそのことは周到に隠されていた。

パスマニク

　アゼフが秘密警察であることをエスエル党員がついに認識すると、彼はドイツに逃亡し、やがて金融で一旗揚げた[3]。アゼフは、自己のなかに矛盾した側面を抱

えつつも与えられた条件のなかで目の前の利益に従って自由に動き回るタイプの人間だったのである。

一方、ブルツェフが評するパスマニクは実直な人物であり、自らがユダヤ人であることを前面に押し出し、そのこととロシアで生きることのあいだに何ら矛盾を感じていなかった。にもかかわらず、白軍に中心的に関わるという、シオニストのなかでは例を見ないほど大きな「転向」を遂げたのはなぜか。

否、実のところ、パスマニクは転向したのではなく、元来シオニストであると同時に、ロシア・ナショナリストでもあったのだ。しかも、それは単にロシアに生まれ育った者としてロシアに愛着を持っていたという、さして珍しくもない程度のものではなかった。[4] 彼の場合、一方への忠誠が他方への忠誠をむしろ強めていたのである。その意味で、ヴィナヴェルと同様、彼のなかでのロシアとユダヤの関係性は相補型だった。

だが、ヴィナヴェルに見られたロシアとユダヤの親密さと比べると、パスマニクの場合、ロシアとユダヤのあいだには一定の壁が存在している。あくまでも一線を画したうえで両者が支え合うという想定がパスマニクにはあり、それがロシア・リベラリズムの主流に属したヴィナヴェルと、シオニスト・パスマニクを分けるポイントになっていた。

2　シオニストとしてのパスマニク

シオニストになるまで

自伝的小説によると、パスマニクが生まれたのはロシア帝国ウクライナの片田舎である。父親はユダヤ教の教師だったが、息子ダニエルには外来の新しい思想を親しませ、九歳からは非ユダヤ人と同じ学校に通わせた。法的な差別下に置かれたユダヤ人でも社会的に有利になるという考えから医者になることをダニエルに勧める。

ギムナジウム（高校）卒業後はスイスに渡ったダニエルは、他界した父の遺言に従って医学を修めた。ブルガリアなどで医師を務めたのち、一九〇〇年頃からシオニストとしての活動を開始すると、ロシア語やドイツ語、ヘブライ語のシオニスト機関誌に寄稿し、さらにはイディッシュ語によるものを含むいくつかの小冊子を出版しながら、ロシア・シオニスト機構の中心的理論家の一人となる。

ロシア・シオニズム

ロシア・シオニスト機構とそのロシア語機関誌『ラスヴェト』（『夜明け』）は、今日ではあまり言及されることがない。しかし、その母体となっていた非社会主義系の一派は、当時にあっては、イスラエル建国時の中核を担った労働シオニズムの源流にあたる社会主義シオニズム勢力と肩を並べる勢力だった。当時のロシア政治の文脈では、リベラリスト勢力に近い位置にある。

「修正主義」と呼ばれる、シオニズムのなかでの最強硬派を一九二〇年代初めに創設したジャボティンスキーも、第一次大戦前まではこの一派で主に活動していた。既存のロシアという枠組みや場を最も明白に前提としていたことから、本書ではこの潮流を「ロシア・シオニズム」と呼ぶ。

№ 1. Воскресенье, 9 Іюля 1917 года.

Цѣна № 30 к.

ПОДПИСНАЯ ЦѢНА.

РАЗСВѢТЪ

Сіонизмъ стремится создать для еврейскаго народа правоохраненное убѣжище въ Палестинѣ.

Базельская программа.

АДРЕСЪ РЕДАКЦІИ и КОНТОРЫ: ПЕТРОГРАДЪ, Торговая 11. Тел. 436—42

СОДЕРЖАНІЕ № 1.

1. Петроградъ, 1 іюля 1917 г.
2. Къ моменту, С. Г.
3. Самоопредѣленіе на казенный счетъ, М. Алейникова.
4. Къ Учредительному Собранію, С. Гепштейна.
5. Старый брегъ, М. С.
6. На палестинскомъ фронтѣ, Я. Клебанова.
7. Организація общины, М. Клейнмана.
8. Еврейская печать, Назоп.
9. Съѣздъ евреевъ-соціалистовъ въ Америкѣ, А. Б.
10. Вѣсти изъ Палестины.
11. Помощь Палестинѣ.
12. На Съѣздѣ Совѣтовъ С. и Р. депутатовъ.
13. Національный вопросъ въ россійскихъ партіяхъ.
14. Резолюціи евр. Учительскаго Съѣзда.
15. Въ Польшѣ и на Литвѣ.
16. Въ обществахъ и союзахъ.
17. Еврейская Жизнь. I. Въ Россіи. II. За рубежомъ.
18. Изъ жизни партій.
19. Фельетонъ. Символы, С. Ан—скаго.

Настоящій номеръ задержанъ выходомъ вслѣдствіе событій общаго характера, происшедшихъ въ Петроградѣ въ теченіе прошлой недѣли.

Петроградъ, 1-го іюля 1917 г.

『ラスヴェト』

詳細については拙著『ロシア・シオニズムの想像力』（鶴見 二〇一二）に譲るが、この潮流のシオニズムの特徴を挙げるなら、次のようになる。まず、「ユダヤ人」を「宗教集団」ではなく、もちろん「カースト」や「賤民」でもなく、「民族（ナーツィア、ネーション）」として捉え、その根拠地をパレスチナに求めた点は、他のシオニズムと共通している。

そのうえで際立つのは、次の二点である。

第一に、ロシア・シオニストがロシア帝国の枠組みを前提にしていたことである。ロシア・シオニストは、帝国のなかで「民族」が政治的に重要な単位になりつつあると見ていた。確かにポーランド人やウクライナ人のナショナリズムは加速しており、そうした状況下で、ユダヤ人もロシア人やポーランド人に比肩する「民族」として承認されることで、地位を全体として向上させようとした。つまり、「賤民」として蔑《さげす》まれて法的にも差別されていた状態を脱し、「ロシア民族」等と同様の処遇を得て、それによってユダヤ人の衰退を防ごうとしたのである。

こうした構想のなかでパレスチナでつくられる民族的拠点はどのような位置づけのものだったのか。それは、ロシアでユダヤ人が発展していくなかで、ユダヤ人も他の民族と同様に、発祥の地に確固とした拠点を持つ民族であることを示し、ユダヤ人自身もそのことに誇りを持てるようにするためのものだった。

例えば、シオニスト機関誌『ラスヴェト』には、次のような記述がある。

> パレスチナへの権利要求は、我々が人並みの価値を持つという内的な意識を最高の形で表明したものである。それは、多数がポーランドの外に住み、そのように「分散した」地域でも十分な権利を認められているポーランド人のように、我々も地表の一片の土地を持つ権利を備えた民族であることの明白な表明である。[5]（Davidson 1914, p. 33）

それゆえ、ロシア・シオニストは、ディアスポラの地での活動にも力を注いだ。そこには、ユダヤ人意識を高めるための教育や文化に関する取り組みや、ロシア政治への働きかけなどが含まれている（鶴見二〇一二、一〇六―一〇七頁）。

ロシア・シオニズムの第二の特徴は、ユダヤ人の民族性を強調する一方で、その根拠をあくまでもパレスチナという土地のみに求め、民族の内容については固定的に捉えずに、むしろあえて何も論じなかったことである。例えば何らかの定型のユダヤ文化の保存・発展に努めるのではなく、いかなる形の文化であっても、他民族の強い影響を受けずに、ユダヤ人が主体的につくり続けることが重要だと考えたのだ。

彼らが特に注視していたのは社会経済的な側面である。第二章で見たユダヤ人を取り巻く社会経済構造の変化に、彼らはいち早く気づいており、このままでは、政府による同化政策以前に、ユダヤ大衆がユダヤ人であることの経済的メリットを見失い、自主的に周囲の民族に同化していくのではないかと危惧した。

彼らの考えでは、ある社会経済条件の関数にすぎない特定の文化の保存に努めたところで、現在の暮らしの条件に合致していなければ無意味である。むしろ、大衆が自ずとユダヤ人という集団に引き寄せられるような条件を整えることが基本だ、ということになる。パレスチナはそのための経済的拠点になるはずだった。

ロシア・シオニズムにおいて、民族の内容が議論されなかった背景としては、もう一つ、本書の議論とも深く関わる点が関係していた。シオニストは特に、周囲との関係でユダヤ人やユダヤ文化の定義をすることを嫌ったのである。前章を振り返ると、リベラリストは、ユダヤ人が経済的役割を持つとか、西欧文明と距離が近いといったことを喧伝し、いかにユダヤ人がロシアに欠かせないかを説いていた。

しかしそのような自己弁護をしない限りユダヤ人は存在を許されないのか、ロシアにいかに役に立つかを証明し続けなければならないのか——。こうした疑念を持ったシオニストは、民族というものは、その内容に拘わらず、つまり誰の役に立つかといったこととは無関係に、平等に存在する権利を持っていると主張した。例えば、ロシア・シオニズムの中心人物の一人は、「民族自決」の核心は次の点にあると論じている。

その原則において、この定式は、民族の本質に関して非常に重要できわめて明確な視点を含んでいる。それは、民族は他の集団との関係抜きに、その価値を超えて捉えられるということである。よく知られた文化的価値や民族的類型を維持するという高尚な務めを民族が担っているとする幻想的な主張とはまったく対照的に、この定式は民族をその存在や消滅の望ましさや望ましさとは無関係の単純な事実によって捉えるのである。（同書、二四七頁）

そのため、リベラリストと比べると、シオニストは必然的にユダヤとロシアのつながりをあまり語らなくなり、ロシアとユダヤのあいだの距離はリベラリストより大きくなった。本書の議論と深く関わる、と先に述べたのは、このことである。この二つの距離感や関係性にまつわることを、本書は追っている。

パスマニクのシオニズム

シオニストとしてのパスマニクもロシア・シオニズムの以上のような特徴を共有していた。しかも彼の場合、ある面でそれらの特徴が突出している。

まず第一の特徴との関連では、パスマニクは少数民族同士でブロックを結成する選挙戦略に反対し、ユダヤ人はどの民族にもおもねることなく「栄光ある孤立（Splendidisolation）」を貫くべきだと訴えた（Pasmanik 1912c）。ユダヤ人が他の民族に解消できない固有の民族であることを強く打ち出そうとしたのだ。

第二の特徴との関連では、あらかじめ理念を設定してそれを闇雲に推し進めるのではなく、社会に通底する原理を見定め、それを踏まえたうえでユダヤ人としての道を考えるという姿勢を徹底していた。それゆえ、ユダヤ人を文化や人種といった本質で定義することを避け、ユダヤ人としての意識を持つ者はみなユダヤ人だとして、ユダヤ人の民族性は社会経済的な基礎に支えられなければ維持されないとパスマニクは考えた。

パスマニクのおそらく最初の論考は、一九〇三年にシオニストのロシア語週刊誌『ブドゥシチノスチ』(『将来』)に発表された。そこでのアハド・ハアムに対する批判は、彼の立場をよく表している。アハド・ハアム(本名A・ギンツベルク)(一八五六―一九二七年)は、シオニズム研究では今日でもよく知られる、ウクライナ生まれの「精神的シオニズム」の始祖である。精神的シオニズムとは、パレスチナでは小規模なユダヤ人の文化的中心を創設するにとどめ、それを起点にしてディアスポラのユダヤ人の精神的復興に力を注ぐべきだとする立場を指す。

パスマニクの批判は、アハド・ハアムのこうした議論が社会経済的観点を欠いている、つまり精神論では社会経済構造に起因する大衆の同化傾向は止められないという点に向けられている。「生《せい》はイデオロギーよりも強い」とするパスマニクは、大衆の事情を勘案する重要性を説く(Pasmanik 1903a; 1903b)。

前記の自伝的小説は、一九〇五年に「ミリン」という筆名でシオニストの月刊誌に連載された。スイスのロシア出身学生(多くはユダヤ人)のサークルでの一幕から物語は始まり、パスマニクを模した主人公と、将来の妻を含む他のメンバーたちとの会話を通して、パスマニクがシオニズムに至る道筋が明らかにされる。

主人公の立場はフランスの社会学者オーギュスト・コントの実証主義に基づくといわれる。つまり、現状を見据えたうえでそれに沿って政策を打ち立てるべきであり、イデオロギーが社会を創造するという観点は疑問に付される。現状のユダヤ人の社会経済的条件に鑑みて、ユダヤ人大衆の同化は不可避だと主人公は論じている。

しかし、パレスチナ開拓の夢を語る将来の妻らとの付き合いを通して、人間社会のなかの情緒的な領域が気になり始める。社会経済的条件を軽視する彼女の姿勢は受け入れられなかったが、彼自身、自らの幸福はユダヤ人のあいだでしか得られないと考えるようになっていった。

そして、シオニズムの古典の一つとして知られるヘルツルの『ユダヤ人国家』（一八九六年）に、実証主義と感情の両面を統合した姿を見出すところで、物語は終わっている（Mirin 1905）。

パスマニクもまた、他者との関係のなかでユダヤ人について語ることを嫌った。ユダヤ教の護教論に対しては、こう論難している。

アハド・ハアム

ユダヤ人の護教論は常に、ユダヤ人の間での同化の始まりの兆候として現れる。頑健で、独立したユダヤ人は、自己弁護する必要も、よその観念に対して自らのユダヤ教をすり合わせる必要も、あるいはよそ者の前で自らの神を賛美する必要も決して考えなかった。（鶴見 二〇一二、二四三頁）

ロシアとの関係に構わず、ユダヤ人としての道を突き進んでいこうとする姿勢には、自己のなかで民族的側面を一本化する、その後のシオニズムに顕著に表れる特質が垣間見える。

3 社会経済学的シオニズム

ニーチェとの共鳴

一九一〇年にパスマニクは『遍歴するイスラエル――ディアスポラにおけるユダヤ人の心理』を上梓した。一言でいえば、差別に甘んじるマイノリティという条件下でユダヤ人がいかに無理をして生きてきたか――より正確には、死なないようにしてきたか――ということが、同情的ながらも批判的に論じられている。

同書で何より注目されるのは、全八章のうち五章の題辞に、当時ロシアでも一部で流行していたドイツの哲学者ニーチェの『ツァラトゥストラはこう言った』（一八八五年）からの引用が掲げられていることである。パスマニクが有名な思想家を引用するのは稀なので、よほど共感するものがあったのだろう。同書の内容は、確かにニーチェが前面に掲げた「生《せい》」の概念と親和性を持っており、伝統を根本的に転換しようとする姿勢は一致している。

ニーチェは、キリスト教道徳は弱者の怨念によってつくられたと説いた。一方パスマニクは、ディアスポラ（離散）時代のユダヤ教を、劣悪な生の条件に起因する不毛として描く。

パスマニクによると、ディアスポラに生まれたラビ・ユダヤ教（ラビが中心となったディアスポラ時代のユダヤ教正統派）はパレスチナという異国の地で創造されたユダヤ教の諸価値に固執したが、それがディアスポラの生の現実と合致していなかったために矛盾をきたした。その不自然さゆえに、異教徒からも蔑まれ、尊厳を失っていったが、同化を目指す時代になって、ユダヤ人は尊厳を得るために異教徒の仮面を被ろうとした。これが破綻をきたしたとき、シオニズムが到来したのだと彼は論じる（Pasmanik 1910）。

ニーチェ思想では、「超人」が新たな価値の創造者となるが、パスマニクの場合、民族のなかから精選された「民族的貴族」がその役割を担う。パレスチナに打ち立てられるべきユダヤ社会は、端的にいえばそのようなエリート養成所でもあった。こうしたエリート主義は、のちに君主主義を擁護するにいたる彼の源流の一つだといえる。

パスマニクの関心の中心は、自由な生の条件に置かれた民族に備わるはずの創造性なるものにあった。同じく「創造性」を強調したニーチェやアンリ・ベルクソンといった生の哲学者と同様に、彼もまた「生はいかなる知性よりも複雑である」と書く（Pasmanik 1913）。だから、現時点での狭い視野でユダヤの本質なるものを設定し、はじめに文化ありきで議論をしても意味がない。そうではなく、高尚な文化が自ずと溢れ出てくるような社会的条件こそが確立されなければならない。

パスマニクにとって民族とは、特定の文化を持つという状態ではなく、自律的な生のなかで、常に文化を創造し続ける過程を意味していた。彼は、シオニズムとアハド・ハアムの思想を区別して次のように述べる。「シオニズムの理論は文化の問題のなかに自らを位置づけたことはなかった。シオニズムはアハド・ハアム主義、つまり、実体のない「精神」のシオニズムへの反発を常に明示してきた」(Pasmanik 1914)。

『ロシアにおけるユダヤ人の経済状況』

ヴィナヴェルと比べるとき、パスマニクにとってのロシア的なものとの距離には、以上のような社会経済的な観点が大きく影響していることがわかる。一言でいえば、ユダヤ的側面を保持していくには、ロシアとのつながりは現状ではあまり有効ではないという判断である。

パスマニクが最初に体系的にユダヤ人の社会経済状況をまとめたのは、ロシア語シオニスト月刊誌での連載がもとになった『ロシアにおけるユダヤ人の経済状況』(一九〇五年)(Pasmanik 1905a)という小冊子である[6](連載は前年)。

本書の概要はこうだ。

ロシアにおけるユダヤ人の経済状況はこれ以上悪化しえないほど劣悪である。ユダヤ人は経済活動の最も後進的な形態にとどまっており、競争がユダヤ大衆を疲弊させる一方で、工業部門の従事者とは異なって、ユダヤ人はロシア経済の発展にほとんど絡んでいない。手工業に従事するユダヤ人は一八八七年の一一・七%から一八九八年の一四・一%に増えているが、このセクターは労働搾取は最大でありながら発展の度合いは小さい。

手工業が置かれた劣悪な状況は工場製品の拡大によるよりも、農村での貧困、つまり元農民の労働者との競争によるところが大きい。ユダヤ人手工業者の生活レベルは彼らより高いため、競争で不利になるのである。ロシアで発展している大規模な資本主義的生産が必要とするのは、生産手段を持たず体系的な知識のない労働者だが、体系的な知識を持つユダヤ人は、ユダヤ人の工場主からさえ門戸を閉ざされてしまう。

また、階級闘争はナショナリズムと連動しており、ユダヤ人はユダヤ人所有の工場を探さなければならないが、ユダヤ人は小規模な企業を持つ場合が多く、大資本と結びついた企業は非ユダヤ人の手にある。

ユダヤ人の前に立ちはだかる壁は、報告書の著者が考える以上に根深く、諸民族の社会心理と経済に根ざしている。著者はしばしば安息日にユダヤ人が働けないことを原因としているが、安息日に動かすことが禁じられているモーターを使っていない工場からもユダヤ人は駆逐されている。ユダヤ人は生活レベルが高い（支出が多い）割に収入が少ない。特に、都市民であるために、農民が持っているような副収入がないのである。

経済の基礎は農業であり、民族の生物学的な基盤である。ところが、ユダヤ人はロシアでは農村から締め出されており、ユダヤ人口全体の三％しか農業に従事していない。最も工業化が進んだイングランドでさえ、農民はその一〇倍いる。非ユダヤ人は農業のおかげで都市民より健康的な肉体を持っているが、ユダヤ人は体力面での弱さから工場で雇用されないことがある。それゆえ、シオニズムはユダヤ人の経済的な正常化のための抜本的な解決策なのである——。

以上のように、パスマニクはロシアにおけるユダヤ経済の将来には悲観的だった。特に、前章で見たようにリベラリストがロシアの工業化や経済全般におけるユダヤ人の役割を強調していたのとは裏腹に、パスマニクはそうした機能の著しい低下を憂えている。そのことがシオニストとしてのパスマニクがロシア社会からある程度距離を取っていた背景の一つにあったのだろう。

ロシアに届くパレスチナからの息吹

それでも、パスマニクはロシアからの完全離脱を考えていたわけではなかった。

実のところ、ある部分において、彼はアハド・ハアムと同じ想定をしている。つまり、パレスチナに移民するユダヤ人は全体の一部であり、多くがディアスポラに残り続けると見ていたのだ。

実際、「民族的貴族」がディアスポラに残ったユダヤ人を率いるとする例の構図そのものは、アハド・ハアムが描いていた構図に類似している。アハド・ハアムはパレスチナの拠点を文化センターのようなものと考えていたが、パスマニクも、パレスチナのユダヤ社会が社会経済的に自律する程度の規模に発展し、そこで常に生み出される新たな文化がディアスポラにも広がっていくと想定していた。

「シオニズムの世界観について」(一九一二年)と題した論考でパスマニクはこう述べている。

パレスチナにおけるユダヤ人の自律的な共同生活が確立されれば、ガルート〔追放、エグザイル」それ自体、つまり、ユダヤ人の特異性は消えるだろう。ガルートとは、世界のユダヤ人のカテゴリーであって、部分的なものではない。ユダヤ人の一部だけでもパレスチナで甦れば、世界のすべてのユダヤ人はガルートの頽廃的な影響から解放されることになるだろう。(Pasmanik 1912b, p. 3)

パスマニクにとっては、パレスチナにおける「ユダヤ人の自律的な共同生活」から吹き込まれる新たな息吹こそが、ロシアなどディアスポラの地に散在するユダヤ人を格上げする。つまり、彼の思考の前提にはロシア（のユダヤ人）がある。

では、彼にとってのロシアとは、好むと好まざるとに拘わらず降りかかる自然現象のような宿命にすぎなかったのだろうか。人がナショナリストであるための条件の一つは、彼／彼女が信じる民族／国民に——保守的な形であれ革新的な形であれ——何らかの働きかけを行うことである。彼はユダヤ人の伝統に闇雲に従うのではなくそれを変革する道を選んだ。

パスマニクはロシアに対していかなる態度を取ったのか。

4　カデットのパスマニク

第一次大戦から二月革命へ

一九一四年夏以降、大戦中のロシア軍の軍医として戦地に赴任していたパスマニクはクリミアに滞在していた。一九一七年の二月革命勃発時、パスマニクはクリミアに滞在していた。

ロマノフ朝に終止符を打った二月革命では、前章に登場したカデットとエスエルが大臣ポストの多くを占める臨時政府が樹立された。リベラリストと社会主義者の一部は、そこに立憲民主主義体制の到来を見た。パスマニクも今こそロシアが自由な民主国家となる重要な転機だと考え、カデットに入党する。

カデットのユダヤ人はシオニストから同化主義者と見られることが多かったため、彼の行動はシオニスト界隈では衝撃だっただろう。ヴィナヴェルがシオニストと対立するなかで「ユダヤ人民グループ」を結成したことは前章で確認したとおりである。こうした人々との関わりがいくつかの場面で軋轢を生み、パスマニクはシオニスト組織とは疎遠になっていく。

とりわけ、思想的にはリベラリストだけでなく守旧派や右翼も多くを占め、ポグロムに加担していた白軍と関わったことは、ユダヤ人のあいだでの彼の名声を大きく落とすことになった。

クリミアにて

ボリシェヴィキが首都で権力を握った一〇月革命の後、クリミアは最後まで反ボリシェヴィキ勢力が抵抗を続けた地の一つとなった。一九一八年から一九年という短期間ではあったが、カデットのソロモン・クリィム（一八六四―一九三六年）（クリミアの地主でユダヤ教のなかの少数派カライ派の出身）を首相とする自由主義的な地方政府が立ち上げられたことでも知られている。[7]

パスマニクもカデットのメンバーとして特に広報方面でこの政府を支え、憲法制定会議のクリミア代表の候補として選挙に立候補したこともあった（結果は落選だった）。この時、地域のシオニストがカデットを拒否したため、カデットを選択したパスマニクはシオニストと選挙で戦うことになる。

一九一九年にクリミアがボリシェヴィキの手に落ちるまでの約二年間を、パスマニクは回想録『クリミアの革命期』（一九二六年）（Pasmanik 1926）で語っている。

それによると、第一次世界大戦開始時、パスマニクは家族とともにジュネーヴに暮らしていたが、ロシア軍に加わるべく単身でロシアに戻った。彼は仏英露を中心とする同盟国（協商国）が勝利し、ロシアが刷新されると考えたのだ。

そこにはシオニストとしての計算もあった。ペテルブルクに着くと、『ラスヴェト』に「世界大戦とパレスチナ」と題した論考を寄稿し、同盟国勝利の暁には、パレスチナはユダヤ民族に明け渡されることになると論じた[8]（ibid., pp. 15-16）。大戦勃発後にロシアへの献身を決意していたパスマニクは、その一方でシオニズム成功のための国際政治的条件を冷静に分析していたのである。

しかしカデット入党後、シオニストとしてのパスマニクは鳴りを潜めていき、ロシア憂国の士としての発言が重ねられていく。

ニコライ二世打倒の知らせがヤルタに伝達された時には、それによって戦争が終わり帰郷できると喜ぶ兵士たちの反応を訝《いぶか》しく思ったとパスマニクは回想している（ibid., pp. 12-13）。というのも、一九一七年四月の時点で彼自身が書いているように、ロシアの救済のためには、ドイツの軍国主義が打倒されなければならないからだ（Pasmanik 1917c, p. 2）（これはカデットの基本路線でもあり、ボリシェヴィキがそこを突いて民衆の支持を得たことはよく知られている）。

反ボリシェヴィズム

こうしたロシア・ナショナリストとしての顔は、彼がボリシェヴィキについて語る際に最も明白に現れた。

本章の冒頭で見たブルツェフが観察していたような彼の党派性への嫌悪、より具体的には、階級対立への懐疑は、容易にナショナリズムに転化する。すべての階級を統一するといっても、全人類の連帯を訴えるわけではなく、あくまでもロシアなりユダヤ人なりの範囲に限定されているからである[9]。パスマニクにとって、プロレタリア独裁は、自らの階級の利益しか顧みない偏狭な考えであり、それを掲げるボリシェヴィキはそもそも宿敵だった。

しかしそれ以上に、ボリシェヴィキはその意図に拘わらずロシアを根本的に破壊してしまう性質を備えているとパスマニクの目には映った。このことこそ、彼がボリシェヴィキを危険視した最大の理由だった。

一〇月革命の勃発前から、彼はすでにボリシェヴィキへの警戒心を表明している。一九一七年三月からヤルタのカデット系日刊紙『ヤルタ新生』に寄稿を始めると、六月には『ヤルタの声』と改名した同紙の編集長に就任した。

そのなかのいくつかの記事で、パスマニクはボリシェヴィキを犯罪者の集まりであるかのように描き、その手法をデマゴーグのものだとして批判した。ボリシェヴィキは全力で戦うべき害悪であり、社会からアナーキストなボリシェヴィキを、他の社会主義政党からいかがわしい要素を排除すれば、ロシアの人々には快適な生活が訪れるとパスマニクは説く（Pasmanik 1917a, p. 2）。

また、同紙のある巻頭記事（無署名）には、「ボリシェヴィズムは思想ではなく、絶え間なき背信行為、小心者のデマゴギーである」とある（*Ialtinskii golos*, 77 (Jun. 2), 1917, p. 2）。さらに別の号では、ブルツェフからの書簡が紹介され、ボリシェヴィキのなかにはスパイやドイツの工作員の役割を担う者が常に混じっており、レーニンやジノヴィエフ、トロツキーといった指導層も、意識的にか無意識的にか、ヴィルヘルム二世の工作員となって、そのためにドイツはロシアとの七月の戦いを意外なほど優位に進められたのだ、とブルツェフは記している（"Pis'mo Burtseva", *Ialtinskii golos*, 85 (Jul. 12), 1917, p. 3）。

以上の真偽についてここでは検証しないが、当時、戦争への不満が高まっていた首都ペトログラード（ドイツ風の「ペテルブルク」から改称）では、実際に七月の攻撃開始後間もなくして兵士の間でデモが起きていた。これをボリシェヴィキの陰謀だと見る向きは確かにあった。混乱をきたした臨時政府の内閣は組み直しとなり、首都の治安も悪化したため、ボリシェヴィキを危険視する声が強まっていく（田中・倉持・和田編 一九九七、四三頁）。

つまり、パスマニクのボリシェヴィキ批判は、社会主義への反対に基づいていたわけではない。そもそも当時のロシアの状況では、社会主義とリベラリズムは理論上必ずしも矛盾しなかった。立憲主義・民主主義確立の後に社会主義が訪れるという段階論のなかで現状をどの段階だと考えるか、最終的にどこまで目指すのかという差にすぎない面もあった。

事実、パスマニクは一九一七年四月の時点で、同紙に次のように記している。「私は、将来の人類が、特定の人間や集団の意志からも自立した社会主義に属することになると強く信じている」。むしろパスマニクは、ロシアにとって社会主義を現段階で導入するのは性急にすぎると懸念したのである。それは党派性の表れなのではなく、まじめにロシアの将来を考えた結果だった（彼の見立てが正しかったかという点はもちろん別である）。

例えば彼は、依然としてロシアの産業の中心を占めていた農業に関する問題は、社会主義では解決できないと力説した。彼によれば、工業と比べると、農業は生産の集中化に不向きである。そのうえ、農民は私的所有に固執しがちなので、ボリシェヴィキをはじめとする社会主義諸勢力が想定する共同所有（「土地の国有化」ないし「社会化」）ではなく個人をベースとした農業協同組合という形態が望ましい。また、社会主義では、多民族帝国ロシアにあって民族によっても分断された社会を統合することはできないと彼は考えた（Pasmanik 1917c, p. 2）。

一九一七年四月に寄せた論考「農業問題」では、農業問題を国民経済の最大の焦点と定義したうえで、「土地に関する問題は、独立してではなく、国家の経済全般との関係のなかでしか解決できない」と述べている。

パスマニク自身は、農村問題そのものの解決のためというよりは、ロシアがやがて工業発展を遂げ、工業製品を外国から買わずに済むための方策を考える一環としてこの論考を書いたと述べている。つまり、ロシア全体の経済力強化という観点からの議論であり、やはり彼のロシア・ナショナリストとしての顔が前面に出ているのだ。

こうした国民経済全体からの視点は、どの政党にも見られる憲法制定会議の選挙に向けて農民の支持を得たいという思惑、つまり「単に政治的な、さらにはデマゴギーな理由から大抵は忘れられてしまっている」とパスマニクは釘を刺す（Pasmanik 1917b, p. 3）。

このように、彼の反ボリシェヴィズムは、漠然とした嫌悪感のみに発するものではなく、ロシアの将来を具体的に憂慮した結果、ボリシェヴィキの政策に納得できなかったゆえのものだった。つまり、パスマニクはロシアの立場でものを考え、ロシアに働きかけていたのである。

ロシアが偉大でなければならない理由

パスマニクが偉大な統一ロシアを求めた背景は、彼が単なるロシア・ナショナリストだったことにのみ求められるわけではない。少なくとも、以上のような議論を行った時期でも、彼は決してユダヤ人のことを忘れてはいなかった。その証拠に、『ヤルタの声』紙上では、自らをユダヤ人と定義したうえで反ユダヤ主義に対する闘争を呼びかけてもいる。

パスマニクはそこで、反ユダヤ主義とは「感情ではなく、実践的な政治の体系として、最も無分別な反文化主義である」と訴えた。今日のロシアは文化的な大衆が十分に存在しないために沈みつつある。「反ユダヤ主義はユダヤ人にとっての深い苦しみであり、すべてのロシア人にとっての恐るべき毒物である」(Pasmanik 1917d, p. 2)。
こうした論じ方が示唆しているように、彼にとってユダヤ人の問題とロシアの問題は不可分の関係にあった。さらにいえば、ユダヤ人のためにこそ、ロシアは偉大でなければならなかった。そのことは彼のこの後の展開によってさらに明らかになる。

5　君主主義の亡命ロシア人

亡命と白軍擁護

一九一九年三月、ボリシェヴィキはクリミアに侵攻し、カデットのメンバーは撤退を余儀なくされた。内戦は一九二〇年までには大勢が決し、一九二二年をもって白軍はロシア全域でほぼ壊滅する。パスマニクは黒海を南下し、コンスタンティノープルで辛くもフランスのビザを取得すると、ブルツェフがパリで編集する白系ロシアの日刊紙『共通の大義』(ロシア語では *Obshchee delo.* フランス語タイトル *La cause commune* が併記されている)の編集に携わることになった。

前章でも見たように、ユダヤ人にとって、白軍と関わる際に必ずつきまとうのが、白軍支配下で発生していたポグロムの問題である。

だがパスマニクは、だからこそ白軍を支持した。最初に『共通の大義』に寄せた記事である「ロシアにおけるユダヤ人問題」(一九一九年九月)のなかで、パスマニクは次のように論じている。

理論上、ボリシェヴィキはポグロムを行うことはない。一方、アレクサンドル・コルチャク（一八七四―一九二〇年）とアントン・デニーキン（一八七二―一九四七年）が率いる白軍はユダヤ人に敵対的で、彼らの勝利はポグロムを誘発しうる。

しかし事実は、ボリシェヴィキが中産階級主体のユダヤ人の経済生活を破壊したということである。ボリシェヴィキ支配下ではポグロムが滅多にないことは確かだが、コミッサール（特定部門での全権を帯びた委員）などの過激なメンバーのなかにユダヤ人が含まれているため、住民の間でユダヤ人への反感が急速に増し、一旦ボリシェヴィキ支配が解かれると、例を見ない凄惨なポグロムが発生する。

一方、デニーキンの活動を間近で観察した身からすると、デニーキンが制した地域ではポグロムは一切発生しなかったといえる。

〔…〕デニーキン将軍の部隊は国家性〔gosudarstvennost'〕の理念、つまりすべての階級、民族、信仰集団を一つの全体性に統一する理念を擁している。こうした文化的な国家性の理念は、反ユダヤ的ポグロムとはおよそ相容れない。だからこそ、あちこちの将校や兵士の反ユダヤ主義的な性向にもかかわらず、軍全体としてはポグロム――結局のところそれは国家的な堕落の種を自ら蒔くことになる――を許さないのである。（Pasmanik 1919, p. 4. 強調は原文）

ニコライ二世の治世は、革命後のロシアよりも発展の潜在性を備えていたとはいえ、デニーキンらはそうした古いロシアに戻るつもりはない。そうではなく、新たに文化的な進歩に向かうロシアを目指しており、みなでそれを支えるべきなのである[10]。

このように語るパスマニクは、白軍内でのポグロムを過小評価しているが、今日の研究では、白軍のポグロム加担は明白だったとされる。デニーキン自身はポグロムに批判的で、小規模のポグロムを抑止していたとはいえ、白軍の成員による他のポグロムを防ぐことはできなかった（Budtnitskii 2012, pp. 216-274）。

ではなぜパスマニクは白軍のポグロムを過小評価したのか。

白軍に不都合な情報は書きたくなかったということもあっただろう。この時期には、ポグロムの全貌を正確に認識していなかったのかもしれない。実際、一九二三年頃になって、パスマニクは白軍のポグロムを認識するようになり、デニーキンが十分な手段を講じなかったことを批判している。そのためにユダヤ人が白軍に対して敵対的になっていったことにも批判を加えた（Pasmanik 1923a, pp. 182-198）。

しかし、パスマニクがポグロムについてあまり語らなかった背景には、さらなる理由があった。デニーキンと白軍のポグロム加担者を区別したことに表れているように、彼は白軍が多様な集団の混合体であることを理解していた。白軍のなかには、それなりにリベラルでポグロムをけしかけることを控えた善良な人々が含まれていると彼は信じていたのだ。コルチャク将軍への追悼文のなかで、パスマニクは彼は民主主義者だったと書いている（Pasmanik 1921a, p. 1）。

またパスマニクは、ウクライナ民族主義者の軍隊によるポグロムなど、他の勢力によるポグロムと比べれば、白軍のほうがましだったと考えていた(Pasmanik 1919)。ウクライナ民族主義者のあいだで、白軍支配下よりもさらに多くのポグロムが発生していたというのはおそらく事実である(Budtnitskii 2012, pp. 356-405; Abramson 1999, pp. 113, 134-139)。

パスマニクも一九二〇年のあいだは何度か寄稿していた『ユダヤ・トリビューン』誌上では、赤軍支配下でもポグロムが発生し、白軍だけがポグロムに加担していたわけではないことを示す記事がいくつか掲載されている[11](Mirskii 1920a, pp. 1-2; Ivanovich 1921, pp. 1-2; Mirskii 1923, pp. 2-3; Rimskii 1923, pp. 3-4)。

白軍支持の背景

ポグロムをめぐって、白軍を全体として批判するよりも、このように拾える部分を拾おうとしてまで白軍を擁護した背景には、ユダヤ人としての重要な理由があった。ボリシェヴィキはロシア・ユダヤ人にとって最も有害な勢力だと考えていたパスマニクは、是が非でもボリシェヴィキ政権を打倒しなければならなかったのである。

『共通の大義』のなかで、パスマニクはロシア・ユダヤ人がボリシェヴィキに対する闘いの先頭に立つべきだと説き、白軍の将軍だけがボリシェヴィキ政権を打倒し、新たな民主的体制を建設できると主張している(Pasmanik 1921b, p. 2)。

前章で紹介したリベラリストと同様に、あるいはそれ以上に、パスマニクはかねてより社会経済的な問題を重視していた。その観点からしても、ボリシェヴィキの反ブルジョワ的な経済政策やユダヤ人とその宗教に対する捉え方は、きわめて危険だった。彼によると、「ロシア・ユダヤ人口全体の八〇%を占める」ユダヤ人のブルジョワは、ユダヤ人が多く関わる商業を抑圧するボリシェヴィキの政策に敵対的であり、ウクライナ民族主義者や白軍のポグロムを経験してからでさえ、ユダヤ人はボリシェヴィキに批判的だという(Pasmanik 1920, p. 1)。

国家性

だがパスマニクの白軍支持には、積極的な理由もあった。ポイントは、「ロシアにおけるユダヤ人問題」で彼が示した、上層部の意図の如何に拘わらず、国家的な秩序が混乱することがポグロム発生の可能性を高めるとする観点である。

そうした規律の欠如の対義語として登場するのが、「国家性(gosudarstvennost')」という語である。この語は特に定義されていないが、白系時代のパスマニクの議論にはしばしば登場し、ロシア語で文字通りには「国家的なもの」、「国家らしさ」を意味する。パスマニクはこの語に、秩序だった巍然《ぎぜん》たる国家ないし国家制度やそれへの志向性という意味を込めているようだ。

この時期のロシア、特にカデット周辺でも「国家性」は一九一七年以降しばしば用いられており、ボリシェヴィキが体現するとされるアナーキズムの対義語としてとりわけ意識されていたように思われる[12](一九世紀のアナーキストであるミハイル・バクーニンの主著の題名『国家性とアナーキー』(一八七三年)は、逆の立場からの象徴的な用例といえるかもしれない)。

パスマニク自身、すでに紹介したようにボリシェヴィキの否定的特徴の一つとしてアナーキスト的な傾向を挙げていた。また、『共通の大義』の一九二一年の記事では、「革命的社会主義と民主的国家性」として、両者を対置している（"Revoliutsiia i gosudarstvennost", *Obshchee delo*, 433, 1921, p. 1）。

国家機構が最も麻痺していた一九一七年から一八年にかけて、ユダヤ人内外の様々な報道で「パンの」（＝飢餓に起因した）、あるいは「酔っ払いの」ポグロムがユダヤ人の商店を襲ったことが報じられており（Buldakov 2011, pp. 74-91）、ある歴史家によると、ウクライナでは無政府主義者の部隊が最も凄惨なポグロムを行っていた（Kenez 1977）。

リベラリストの『ユダヤ・トリビューン』でも同様に、「国家性」がポグロム抑止に重要な役割を果たすことが論じられ、白軍のヴランゲル将軍が「ロシアの法的秩序が確立されて初めてすべての日常生活は正常化し、そこからユダヤ人の生活も軌道に乗るだろう」と述べたことに好意的に言及している（Meerovich 1920, p. 5）。

「国家性」を称揚していたのは白系のユダヤ人だけではない。ロシア人の知識人も、国家こそが社会と一般の人々をつなぎ止め、「無知な臣民を合理的で責任感ある市民に」変えていくと考えていた。二月革命後、ドン地域、さらにはロシア全体において、コサックのカデット党員やコサック社会主義者から成るドン・コサックの政府は、その「国家性」によって支持を集めていたという。それは「国家的原則」あるいは「有機的で進歩的な国家主義の理想」だった（Holquist 2002, pp. 48, 65）。

もちろん、今日の目で見ると、「国家性」によって望ましい状況が本当に達成されるのかどうかはわからない。しかし少なくともパスマニクは、ロシアの多様性はこうした強靭な国家制度によって担保されると考えていた。別のところでも彼は、「将来のロシアは再び偉大になることができるが、国家的統一性と矛盾することなしにすべての民族的要求が満たされるという条件においてである」と明記している（Pasmanik 1923a, p. 217）。

ファシズムへ

だが、この頃からパスマニクは立憲主義や民主主義から距離を取り始めていく。

一九二三年には、雑誌の体裁を取るものの彼が唯一の執筆者である『反革命日誌』という各三〇頁ほどの小冊子が全二号出版されている。そのなかで彼は、議会制民主主義の機能不全を説きつつ、文化的な君主である限りにおいて、という限定付きながら、君主主義を擁護するまでにいたっている（Pasmanik 1923b）。

ロシア・ユダヤ人のなかでこの立場をとったのは、パスマニクだけではない。二〇世紀前半のベルリンに亡命したロシア系ユダヤ人の思想と行動を詳細に追った研究によると、ロシア革命とユダヤ人の関係についての議論のなかで同様の見解を表明していた人物に、V・S・マンデルがいる。彼もまたユダヤ人の発展につながる偉大なロシアの復権を訴え、君主制を掲げた。

この研究では、同じ関連で、パスマニクも君主制を掲げていたこと、さらにはイタリアのファシズムに好意的に言及していたことが注記されている（Budnitskii i Polian 2013, pp. 181-182; p. 372, n. 105）。第一次世界大戦後の荒廃のなか、既存政党の機能不全が叫ばれていたイタリアでムッソリーニが超法規的に首相まで上り詰めたのは一九二二年のことである。

パスマニクのこの選択によって、クリミアの盟友で、依然民主主義を追求し続けていたヴィナヴェルとの距離は離れていく。

前章で記したように、やはりパリに移住していたヴィナヴェルは、一九二〇年から二三年まで『ユダヤ・トリビューン』を編集していた。一九二〇年にはパスマニクも何回か寄稿したが、それ以降は途絶えている。先の『クリミアの革命期』でパスマニクはクリミアの試みをエリート主義的、理想主義的と総括しているが、これはヴィナヴェルを憤慨させたという (Pearson 1989, p. 18)。

パスマニクがファシズムに言及したのは先の『反革命日誌』第一号の終盤である。この『日誌』は、ロシア革命を「奴隷の反乱」に喩え、戦争ゆえの疲弊などから不可避だったとはいえ望ましくないものだったと一蹴している。そして、旧体制への回帰を是とするものでは決してないとしながら、ロシアの復興には「価値の転換」が必要である、と再びニーチェの用語で議論を喚起する。

パスマニクによると、ボリシェヴィキはロシアの非文化的な大衆に歴史的に染みついた受動性や、偉大な貴族の不在に付け込んだデマゴーグである。ボリシェヴィキは無力だったからこそ農民を縛ることなく自由にさせ、それが結果的には農民の利益にかなって、彼らから支持されたにすぎないのだという。しかしボリシェヴィキは、経済、政治、文化等あらゆる側面でロシアの「国家性」を完全に破壊してしまった。農民の独裁は、プロレタリア独裁に劣らず「非文化的」である (Pasmanik 1923b, pp. 1-20)。

だが、亡命者は亡命者で左右対立を見せ始め、左は民主主義を、右は反動を訴えるだけで、ボリシェヴィキを利している、とパスマニクは嘆く。強力なリーダーシップを特徴とするファシズムへの憧憬を彼が述べるのはここからだ。彼によると、イタリアのファシズムは歴史の必然であり、ムッソリーニの成功は、国民のあらゆる層から支持されただけでなく、彼自身が文化的な人物だからである。ファシストによる武力行使や多くの政治的テロ事件の事実を知らなかったのか、パスマニクはムッソリーニは略奪もポグロムも、強制や無法も許さなかった、と記している。国王と独裁者が協調するイタリアとは違って、ロシアでは共和主義者と君主主義者が対立していた。「祖国の復興の理想は、党派的な不和や言い争いに優先するのではないか」と問いかけてパスマニクはこの号を締めくくっている（ibid., p. 30）。

ファシズム支持の背景

こうしてロシア・ナショナリストの右派にまで行きついたパスマニクは、しかし、ユダヤ人のことを忘れたわけではなかった。

むしろ、この君主主義への移行はユダヤ人への意識と深く関係してさえいた。ある者が君主主義者やファシストになる時、人はそこに元来の権威主義的で非寛容な性格を要因として読み込む可能性がある。パスマニクにもそれが当てはまらないとは言い切れないだろう。

だが、クリミア時代まで彼が尊重していたはずの民主主義の限界を説き、君主主義を擁護するまでにいたった背景には、それとは別の具体的な理由があった。一般的な理由と、それと関連するユダヤ人に特有の理由の二つである。

一般的な理由については、『反革命日誌』の第二号で、彼は「民主制か国家性か」と題した節を設け、こう論じている。

今日の複雑な国家で民主制が曲がりなりにも可能なのはスイスの小さなカントン（州）ぐらいで、それも限定的なものにすぎない。今日民主制と呼ばれているのは、人民の集団から選ばれた代表による政府である。

しかしそこに社会的合意などというものはなく（それはルソーの神話である）、すべての社会は権力を行使する創造的な少数者と受動的で模倣的な多数派からなる。スイスにおいてさえ、党委員会と専門家組織がすべてを統制しているのが実態である。そもそもスイスは何世紀にもおよぶ、下からの民主制の歴史を持っており、そこでは個々の市民の文化レベルの発展が国益と歩調を合わせている。それゆえ、スイスでは委員やデマゴーグからの圧力が考えにくいのである。

ロシアの民主制の擁護者は共和制と平等な選挙権のことばかり議論し、国民投票については議論しない。しかし最も重要なのは、自分たちのツァーリを選ぶことである。民主制の伝統を欠いた非文化的なロシアの大衆にあって、平等な選挙権は民主制を保証するものではない。唯一重要なのは、支配層の少数者が多数者の利益を忘れないことである――。

そうしてパスマニクは次の言葉を掲げる。「啓蒙絶対主義」。これまでも人々はこの体制下に置かれてきたのだから、恐れることはない。不幸だったのは、非常に頻繁に、絶対主義が啓蒙的ではなく、野蛮で教養のない君主によって取り仕切られていたことだ（Pasmanik 1923c, pp. 13-16）――。

だが、この理由だけなら、パスマニクは議会制民主主義の意味を十分に理解していないと批判することもできるだろう。

しかしこのような民主主義への不信感は、彼のユダヤ人としての実感に支えられてもいた。これが二つ目の理由である。

パスマニクは、ある小説に言及しながら、ポグロムの悪夢が去ったのち、ユダヤ人はより君主制志向になる、と述べている（Pasmanik 1923b, p. 23）。彼によると、法的秩序は共和制よりも君主制のほうが達成されやすい。「厳格だが正義に適った法的秩序、深い文化性、そして創造的な上昇が、反文化的な野蛮さによる現象にして破壊的な盲目さのなかの挿話になっているロシアを救うだろう」（ibid., pp. 23-24）、「文化的なロシア人は反ユダヤ主義者だと宣言することを恥じていた」（Pasmanik 1924, p. 218）。

先の引用でも、白軍のデニーキン将軍――おそらくパスマニクの君主像に近い人物だっただろう――の制圧地域ではポグロムがまったく発生しなかった、とあった。現在の研究でも、デニーキン自身は確かにユダヤ人に対してさほど偏見を持っておらず、自由主義的な精神を持ち合わせていたとされる。彼の回想には多数のユダヤ人の将校が白軍に加わっていたとある（Budtnitskii 2012, pp. 146-149）。

帝政時代に発生したポグロムでも、当局は社会の混乱が拡大することを嫌ったため、ある程度はポグロムを抑えようとしていた。

それに対して、次章でも見ていくように、文字通り無政府状態となった内戦期、とりわけ赤軍とウクライナ・ナショナリスト、白軍が入り乱れたウクライナ地域でのポグロムは過去に例を見ない凄惨なものとなる。

パスマニクも認めているように、確かにボリシェヴィキはポグロムから最も遠い存在であり、事実、それゆえに多くのユダヤ人がボリシェヴィキに親近感を抱いた（ギテルマン 二〇〇二、一二九―一三一頁）。だが先にも述べたように、パスマニクにとっては、国家レベルでの混乱こそがユダヤ人に対するポグロムの危険性を高める元凶であり、「国家性」理念を持たないボリシェヴィキは信用ならなかったのだ。

混乱のなかの民主主義、しかもポグロム加害者が権力に直接関与する状態は、絶対的なマイノリティであるユダヤ人に「恐怖からの自由」を保証しうるものでは到底ない、と考えても無理もなかっただろう。

十数年後、ファシズムがまさに国家的にユダヤ人殲滅に向かうことになるとは、この時の彼は知る由もなかった。

こうして見ると、白系ロシア人によるポグロムの事実を知っていたとして、それを彼が過小評価したのだとしたら、その背景には、秩序の番人としての白系ロシアを擁護したいという思惑があったのかもしれない。一九二三年にパリで出版した『ロシア革命とユダヤ人』という書物のなかで、パスマニクは次のように書いている。「ロシア・ユダヤ人の運命は密接に、不可分に、ロシアの運命と結びついている。〔…〕ロシアの死はすなわちロシア・ユダヤ人の死を意味するだろう」（Pasmanik 1923a, p. 191）。

白系ロシア人のなかでのユダヤ人擁護

だからこそ、彼は白系ロシア人に対してもユダヤ人を擁護しなければならなかった。

革命後早々、ボリシェヴィキとユダヤ人を同一視し、革命をユダヤ人の利益のための陰謀と捉える風潮はとりわけ白系ロシア人のなかに蔓延していた（白系のなかの反ユダヤ主義については、Budnitskii 2012, Ch. 5に詳しい）。それが反ユダヤ主義激化につながることをパスマニクは何よりも恐れた。それゆえ、ユダヤ人とボリシェヴィズムがいかに無関係であるか、ボリシェヴィキがいかにユダヤ人の利益に反したことを行っているかを説くことをパスマニクは自らの責務と考えたのである。

それを最も象徴しているのが、ユダヤ教の本質なるものを語るのをあれほど嫌っていたパスマニクが、『ロシア革命とユダヤ人』ではユダヤ教の「本質」を提示し、それがボリシェヴィズムといかに異なるかを説いていることである。

同書によると、ユダヤ教は次の七つの価値に基づいている。⑴一神教、⑵社会正義、⑶国際平和、⑷権力に対する精神の優越、⑸幸福説、⑹人間は罪深い存在であるという認識、⑺ナショナリズム（これは民族性の尊重、つまり多様性の擁護という意味である）。

パスマニクによれば、共産主義はユダヤ教とは無関係であり、初めに共産主義を提示したのはプラトンや古代キリスト教だった。また、ナショナリズムに基づいた国際《インターナショナル》平和という理念（各民族の存在を前提とし尊重したうえでの平和をパスマニクは想定している）は、共産主義のコスモポリタニズムとは相容れない（Pasmanik 1923a, pp. 95-116）。早い時期からパスマニクはトロツキーやジノヴィエフといったボリシェヴィキの（元）ユダヤ人は、ユダヤ人から離れ、その利益に反したことをしているので、実質的にはユダヤ人ではない、と説いていた（Pasmanik 1919, p. 4）。

パスマニクによると、ボリシェヴィズムは「デマゴギー」、「嘘」、「ペテン」といった言葉で特徴づけられる。それはロシア大衆の間にあるニヒリズムに起源を持ち、幾世紀にもわたる価値を否定して、文化に反対する。「ボリシェヴィズムは客観的な社会学的データではなく、主観的な心理的動機に基づいているため、崩壊することは間違いない」。社会正義や現世での幸福という点ではユダヤ教とボリシェヴィズムは似ているように見えるが、実のところ、ボリシェヴィキはプロレタリア階級の利益しか考慮に入れておらず、収奪ばかりを考えている（Pasmanik 1923a, pp. 121-127）――。

最期までシオニスト

このように論じてユダヤ人をあくまでも擁護し続けるパスマニクは、依然としてシオニストでもあり続けた。

例えば、ロンドンで発行され、ジャボティンスキーも寄稿していたイディッシュ語のシオニスト紙『ディ・ツァイト』に、パスマニクは一九一九年一一月から二〇年六月まで頻繁に寄稿している。

ロシア・シオニズムの中心にあった『ラスヴェト』は一九二二年にベルリンで再開され、程なくしてジャボティンスキーの実質的な代弁者となって二四年にはパリに拠点を移していた。一九二五年に修正主義シオニズムの創設が公式に宣言され、同年五月の号には修正主義者の会議議事録が掲載される。その片隅には、エッフェル塔にほど近い通りで開業医を営む「D・S・パスマニク医師」の広告を目にすることができる（*Rassvet*, 19 (May 10), 1925, p. 19）。

白軍との関わりによってシオニズム組織との関係は依然として断絶したままだったが、彼は世を去る直前の一九三〇年、フランス語で『ユダイズムとは何か』という小冊子を出版した。同年、『何によって私はユダヤ人か』と題してテルアビブでヘブライ語訳が出版されている（Pasmanik 1930）。

そのなかで彼は、聖書時代のユダヤ教を称揚している。また、ユダイズム（ヘブライズム）とヘレニズムの違い――前者は倫理に、後者は美学に重きを置くという――について論じ、それぞれが時間と永久的な運動に基づく世界観を持つ「東」と、静的な土地と固定化された表象に基づく世界観を持つ「西」に対応すると説く。

「東」と「西」は相互に補完し合う関係にあり、前者は正義と同胞愛によって、後者は美と自由によって世界に幸福をもたらすとされる。本来両者の間には戦争は起こりえず、「ボリシェヴィズムのようにインターナショナリズムへの方向性をその初期から強調していたキリスト教が登場してから戦争は始まった」。キリスト教はユダヤ教から派生し、それゆえ両者は対立するのだという（ibid., pp. 9-17）。おそらく彼にとって理想の君主や国家とは、ヘレニズム的な要素に基づくものだったのだろう。

この後には、例のユダヤ教の七つの要点についての説明が続き、最後にヘルツルのシオニズムがユダヤ人のとるべき道として強調される。

6　ロシアとユダヤの複雑な関係

ユダヤ的側面への一本化への萌芽

パスマニクを含め、ロシア・シオニストは、ロシア帝国という場を前提として、ロシア的側面を保持しつつ、自らのユダヤ的側面の維持・発展を、他のユダヤ人とともに目指していたといえる。

だが、前章で見たリベラリストと比べると、ロシアとの距離は少し開いていた。パスマニクが「栄光ある孤立」を唱えていたことですでに確認したように、特にパスマニクにはその傾向が強く見られる。彼は元来ロシア政治との関わりに懐疑的で、先述の「ゲーゲンヴァルツアルバイト」に関しても、パレスチナで活躍するシオニストを育成する枠組みとしてのみ捉えていた（"Tretii s'ezd sionistov", *Evreiskii narod*, 7, 1906, pp. 9, 12-13）。

一九〇五年革命の挫折が明らかになるにつれて、彼はシオニストがロシア政治に首を突っ込みすぎたと反省の弁を述べている（Levin 2007, p. 147）。ローカル政治に関与しすぎると、ユダヤ人の一体性が損なわれると考えたからである（Pasmanik 1912a, pp. 3-7）。

そのため、ユダヤ人でもありロシア人でもあるというリベラリストのあり方に、シオニストであるパスマニクは多少の違和感を抱いていたはずだ。どちらかといえば、あくまでも基本はユダヤ人であり、そのうえでロシアと関わりを持つというスタンスである。

これはパスマニクに限ったことではなく、例えば、ジャボティンスキーは、ユダヤ人のさらなるロシア化を要求するカデット右派のロシア人ピョートル・ストルーヴェを批判する論考を、ストルーヴェが編集していた『ロシア思想』という月刊誌に寄稿している。

ジャボティンスキーによると、ポーランドを除くすべての地域でユダヤ人はウクライナ人、ベラルーシ人、ポーランド人、リトアニア人、モルドヴァ人の間で暮らしている。隣接する民族で最も数が少ないのが「大ロシア人」(＝エスニック・ロシア人)である。したがって、ユダヤ人がロシア化することは、ユダヤ人が地域の少数派に同化することを意味する。しかし、それは次のことを帰結してしまう。

定住区域内のあらゆる場所がそうであるように、そうした混住環境では、隣接する文化のなかで特定の文化に肩入れすることは残りの隣人の間で反セム主義を呼び起こすことになる。さらに危険であるのは、大ロシア文化の完璧な担い手という役回りをほぼ唯一のものとして引き受けてしまうことであろう――それは即座に、棄てられることになる地元民すべてに対する挑発と同義になるだろう。(鶴見二〇一二、一五七頁)

つまり、特定の民族に肩入れするようなあり方は、ユダヤ人自身にとって危険だというのである。こうしてみると、序章から検討している自己のなかの諸側面という点についていえば、シオニストがユダヤ的側面を他の民族的・国家的側面よりも一段上に置くようになりつつあったことは確かだろう。

同盟関係?

それでもパスマニクらシオニストがロシアとの関わりを一定程度重視した背景には、もちろん実利的なものがあった。五〇〇万人以上のユダヤ人がロシア帝国に居住していたため、彼らのことを気に掛ける限り、ロシアと、少なくとも表向きに敵対するという選択肢はない。ポーランド・ナショナリズムのような、ロシアが細分化した後に訪れかねない、より大きな脅威も念頭にあった。『ロシア革命とユダヤ人』のなかで、米大統領ウィルソンの民族自決原則に従った大国の解体が、それまでの被抑圧民族による少数民族への抑圧に転化することへの懸念を表明した直後、パスマニクは次のように述べる。我々は経済的な利益という観点からものを考えなければならず、ロシアはその辺境、例えば海への自由な経路なしに生き延びることはできない、と（Pasmanik 1923a, pp. 216-217）。この論理は、ロシア帝国主義の論理となんら変わらないものだ。

実際、パスマニクは、すでに言及したようにマイノリティの連帯のような意識を持っていたわけではない。あくまでも彼はユダヤ人との関係でのみロシアを考えていた。『クリミアの革命期』では、トルコとの協調を狙う傾向にあったクリミアの「非文化的な」タタール人に関する記述は、様々な要素を生かす方向を模索したクリミアのカデットの方針にある程度沿ってはいるものの、どこかよそよそしい。

お互いに懐に入り込むようなリベラリストにおけるロシアとユダヤの相補関係と比べると、ある程度ロシアに入れ込んでいたタイプのシオニストであっても、ロシアとユダヤの関係性は、リアリスト的な同盟関係のような色合いを持ちつつあった。

何かとともにあるユダヤ

だが、ロシア帝国が崩壊し、白軍が敗北してからも、なお帝国的なロシアを擁護し続けたパスマニクの姿勢は、「長い物には巻かれろ」の類のものだったとは言い切れない。

パスマニクは、同胞、特にシオニストから疎《うと》まれてまで、自らの信じるロシアの国家形態に頑《かたく》ななまでに執着し、自らロシアに働きかけた。ジャボティンスキーはパスマニクの死を受けて、自らの世代にはあまり共感できないという言い方で次のように彼を形容している。「パスマニクは疑いなくロシアを、ユダヤを愛するのと同じ意味で愛していた」(Zhabotinskii 1930, pp. 6-8)。

だがこれは、単にロシア社会への本格的な参入を一時は目指したことがあった世代の問題というだけではないだろう。

ヴィナヴェルらリベラリストにとってそうだったように、パスマニクにも信頼できるロシア人の仲間がいた。

ブルツェフは一九三八年に『「シオン賢者の議定書」——証明された偽書』という本をパリで上梓している(Burtsev 1938)。反ユダヤ的な陰謀論の大本として知られる『シオン賢者の議定書』が偽書であることを訴えたものである。パスマニクの基準ではおそらく「文化的」だったブルツェフは、確かにロシアの反ユダヤ主義を恥じていたのだ。

ユダヤ人の完全な孤立をパスマニクが最後まで想定しなかった背景には、ブルツェフのような存在がある。

＊

ロシア・シオニズムは、ロシア帝国という場と様々な形で結びついていた。それゆえ、即座にロシア帝国から離脱し、パレスチナにユダヤ人国家を建国するという話にはならなかった。パスマニクは極端な例ではあるが、多かれ少なかれ、ロシアとの結びつきは、単に偶然ロシアに暮らしていたから、という以上のものがあった。

それでも、前章で見たリベラリストと比べると、パスマニクの自己のなかでさえ、ユダヤ的側面とロシア的側面の間には距離があり、ユダヤ的側面の比重が高まっていた。経済的な条件が悪化したことや、理由を付けないとロシアで居場所を認められないような論法への忌避感、「どっちつかず」と見られることで周囲のナショナリストから敵視されかねない条件など、ユダヤ的側面に一本化することを後押しする条件は確かに存在していたのだ。

第五章

民族間関係の記憶

ポグロムとパレスチナをつなぐもの

シオニストにとっても、ユダヤ的側面とロシア的側面は簡単に切り離せるものではなかった。しかし、ユダヤ人に対する暴力が前例のない規模で起こり、しかもユダヤ人がロシアとつながるための枠組みだったロシア帝国が崩壊すると、側面間の関係性が後戻りできない形で壊れていく場合が出現し始めた。本章で追うシオニストはその最たる例であり、序章で見たベギンの流れに直接つながっていく人々である。

1　リベラリストとシオニストの論争

ロシアの民主主義にユダヤ人は属すか

親ユダヤ的なロシア人の存在によってロシアに期待を寄せていた亡命リベラリストは、ロシアにおいてこそ、ユダヤ人はそのユダヤ性を真に発揮できると考えた。しかし、ジャボティンスキーのような、特に若手のシオニストのあいだでは、そうしたあり方に次第に根本的な疑念が呈されていく[1]。

一九二二年にリベラリストとシオニストのあいだで起きたロシアの特質に関する論争は、その象徴だといえる。論争の火ぶたを切ったのは、ロシア・シオニスト運動の気鋭の若手で、ジャボティンスキーの伝記の著者としても知られるヨセフ・シェヒトマン（一八九一―一九七〇年）だった。

ロシア語シオニスト誌『ラスヴェト』は、一九二二年四月、ベルリンで復活した。その第一号に、シェヒトマンは「ロシアの民主主義」と題した論考を寄せている。そのなかで彼は、ロシアの「いわゆる民主的なインテリゲンツィア」（＝ロシア人のリベラリスト）は、コスモポリタンで、非民族主義的で、民族には無関心だと自認しているが、いまや自らの民族性の保存のみならず、ロシア国家の保護下にあるすべての民族に対する支配的な権力まで追求しようと躍起になり始めた、と糾弾した (Shekhtman 1922)。

この論考には二名のリベラリスト（ユダヤ系とみられる）が『ラスヴェト』に反論を寄せ、シェヒトマンの解題つきで掲載された。彼らが主張するには、ロシア・リベラリストが掲げる「国家的愛郷主義」と「民族的狂信主義」を区別すべきであり、前者はパレスチナにおけるシオニストの事業と同じである。そこでは、イギリス帝国の指導と民主的な国家制度の土壌のうえでユダヤ人と他の民族集団が手を取り合っているのだという (Kulisher i Sorin 1922)。

シェヒトマン

一方のシェヒトマンは、ユダヤ民族はロシアの民主主義に属しているという前提が間違っていると批判した。ユダヤ人はロシアではなくユダヤの民主主義に帰属すべきなのだという。また、ロシアの領土の神聖な全体性なるものへのロシア・リベラリストの要求に異を唱え、なぜ、例えばエストニアの領土の全体性は、ロシアのそれよりも神聖さにおいて劣るのか、という (Shekhtman

1922, pp. 7-9)。

ミリュコフの介入

再度確認するなら、ユダヤ人リベラリストたちは、ロシアへの「片思い」を語っていたわけではない。少なくとも彼らは相手となるロシア人の存在を実感しており、事実、この論争にも、ロシア人のリベラリストの代表格ミリュコフが介入した。

ミリュコフは、第三章で見たヴィナヴェルがパリで創刊したロシア語誌『ユダヤ・トリビューン』に、ユダヤ人リベラリストの立場を擁護する論考を寄せている（ミリュコフはそれ以前にも同誌に記事を載せたことが何度かあった）。彼は「民族と国民」と題したその論考のなかで、シェヒトマンの議論に対して、イギリスやスイスの民主主義と同様に、ロシアの民主主義、すなわち多民族性の民主主義は存在可能だと主張した。

ミリュコフの言葉では、それらの国の様々な民族は自らを同じ「国民（gosudarstvennaia natsiia）」と見なすことができる。ユダヤ人のなかのシオニストと同様に、ロシア人のなかでロシア民族主義を強調するのは、リベラリストではなく、わずかな政党にとどまっている（Miliukov 1922）。

ここにもロシア・ユダヤ人とロシア人が手を取り合う局面が確かに見られる。だがシオニストであるシェヒトマンは、様々な要素の統一体としてのロシアという捉え方を拒絶したのである。

革命前の時期には、パスマニクが表明したようにロシア政治に入れ込みすぎることへの警戒はあったにしても、何らかの形で民主化していくロシアに関わることでユダヤ人の民族的権利を獲得する道をシオニストも目指していたはずだ。

ところが、このように明確にその可能性をも否定するにいたった背景には何があったのか。

2　ポグロムの影

論争再び

シオニストとリベラリストのあいだでのロシアに対する態度の違いは、内戦期の凄惨なポグロムに対する評価の違いとおそらく連動している。

ベルリンでは、ロシア・ユダヤ人リベラリストの亡命者からなる「在外ロシア・ユダヤ人愛国同盟」が結成されていた。その中心人物は、歴史家ヨセフ・ビケルマンや前章でパスマニクと同様にファシズムへの憧憬を語る人物として言及したマンデルといった以前からのリベラリスト、そしてパスマニクである。

一九二三年初頭から、ビケルマンらは、ロシア革命におけるユダヤ人の役割についての講演を開催している。

登壇したビケルマンは、ユダヤ人はジノヴィエフやカメーネフ、トロツキーといったボリシェヴィキのユダヤ系の指導者に対して責任があると主張した。それはちょうど、ユダヤ人がスピノザやアインシュタインのことを誇るのと同様だという。ユダヤ人にとってもロシアにとってもボリシェヴィキは主要敵だが、シオニストはロシア再建のプロジェクトを邪魔しているとビケルマンは論難する。
ビケルマンによると、ポグロムは内戦下の状況の産物であって、ユダヤ人のポグロムは、ロシア全体の（つまりユダヤ人以外も経験した）ポグロムの一部にすぎない。こうした指摘は、同年に白軍に批判的な形で出版された『ウクライナにおけるポグロム』という書物を念頭に置いたものである。この講演の要旨は『ラスヴェト』に掲載され（"Evrei i Rossiia (Doklad I. M. Bikermana)", *Rassvet*, 5 (Feb. 4), 1923, pp. 17-18）、いくつかの批判が続いた。

講演会場[2]でも、誌上でも、先陣を切ったのはやはりシェヒトマンだった。『ラスヴェト』において、「あれはポグロムだったのか、内戦だったのか」と問いながら、彼はビケルマンがポグロムの現実に対して無知であると批判した。それは明らかにユダヤ人を狙い撃ちしており、思想的立場や社会的立場、年齢などにかかわらなかったという（ibid.）。

シェヒトマンは、白軍下で起きたポグロムに関する書物を数ヵ月かけて準備していると述べ、白軍がユダヤ人を標的にしていたことを突き止めていると宣言した。

例えば、ある新聞の報道では、コサックがある町に侵入した際、「六日間の大罪で、彼らは「共産主義者やソヴィエト労働者を探し出して攻撃するということはほとんどしなかった。コサックはユダヤ人だけを探していた」」。その期間中、ユダヤ人の家屋は四〇〇軒中四軒しか残らず、三〇〇〇人近くのユダヤ人が離散し、六一人のユダヤ人が殺害されたという。

もっとも、コサックは無学であり、ユダヤ人がロシア正教のイコンを窓に飾ったり、あるいは「ここに居るのはユダヤ人か、それともロシア人か」と問われた際に「私たちはロシア臣民です」と答えたりすれば、難を逃れることができた。

こうした状況に鑑みて、シェヒトマンは「これは内戦ではない。これらは完璧に、十分に、一〇〇％の意味においてポグロムである」と結んだ（Shekhtman 1923a）。

『ラスヴェト』では、ビケルマンの講演に対して、白軍のポグロムを免罪しようとしているのではないかという批判が寄せられた旨が報じられている（*Rassvet*, 5, 1923, p. 17）。さらに、ビケルマンの議論を受けて、あるシオニストは「ユダヤ人と今日のロシア」と題する講演を開催し、ユダヤ人のディアスポラにおける歴史は、ユダヤ人の歴史ではなく、ユダヤ人に降りかかった歴史であり、ロシア・ユダヤ人に劣悪な状況を作り出したロシアこそがロシアの崩壊に対する責任を持つとした（*Rassvet*, 14, 1923, pp. 10-11）。

もっとも、この講義に続く討論では、ユダヤ人はロシアへの愛国心を持つべきであるとか、かつてのロシアの復興を九割のユダヤ人が望んでいるといった発言も掲載されている。この講演にはビケルマンも参加しており、ロシアとのつながりを強調した発言者（前者はG・ペッシス、後者はミンスカヤ（ファミリーネーム表記なし）とある）はシオニストではないのかもしれない。

いずれにせよ、この討論でもシェヒトマンは、ユダヤ人はロシアの復興を望んでいないし、革命を後悔してもいないと発言し、ビケルマンの「哲学」では、ポグロムは些末で深刻なものではないとされている、と揶揄している（*Rassvet*, 14, 1923, p. 11; *Rassvet*, 16, 1923, p. 15）。

前章で言及したように、『ユダヤ百科事典』の「パスマニク」の項目はシェヒトマンが執筆した。パスマニクは内戦以降白軍とつきあい、そのことでシオニズムとは疎遠になったとそこでは記されており、白軍は多くのポグロムに対して責任があると付言されている。ポグロムに対する怨念がここにも読み取れる。

ちなみに、ビケルマンに関する項目は、全部で二二巻もある詳細な『ユダヤ百科事典』にさえ存在せず、彼の息子で、のちにアメリカに移住した歴史家であるエリアス・ヨセフ・ビケルマンの項目のなかでも一切言及されていない（*Encyclopaedia Judaica*, 2nd ed., 22 vols., Detroit: Macmillan Reference USA, 2007）。

ロシアへの失望

ベルリンの『ラスヴェト』の創刊号には、「『ラスヴェト』から『ラスヴェト』へ」と題された、ペテルブルクの『ラスヴェト』との（非）連続性を示唆する記事も掲載されている。ペテルブルク時代のものを基本的に引き継ぐという立場を示したものだが、中盤には次のような記述が見られる。

> 無防備なユダヤ人口に対する前例のない血まみれの暴力、都市やシュテットル全体の抹殺、ロシアの軍事的な自由の民〔vol'nitsa〕による暴動、どんな旗の下であろうと関係のない、ユダヤ人のあばら屋への侵入、粗暴な民族的抑圧——これらすべてが最後の盲目な人間の目を、周囲の人体〔chelovecheskii material〕の本性に向けさせた。世の無慈悲な諸事実の雪崩の前に、「文化的融和」や「ふれ合い」を唱道する最後の者が消えた。（M. Kleinman 1922, p. 5. 強調は原文）

「前例のない」としている点や、都市全体の抹殺、あるいは「軍事的な自由の民」（内戦期はコサックによるポグロムも激しかった）に言及していることから、ロシアで何度か発生したポグロム全体を漠然と指しているのではなく、内戦期のポグロムを指していると見て間違いないだろう。そのなかでロシア人が「人体」という物質的表現で描かれていることにも注目しなければならない。彼らは人間的な信頼が置ける存在ではもはやなかったのである。

同誌の編集長ソロモン・ゲプシュテインも、こう回想している。

一九一七年の革命後、「ユダヤ人の運命は新たな、自由なロシアと不可分のものになった」。それはシオニストにとっても、社会主義者やリベラリストにとってもそうだった。だが、社会主義者も含めたあらゆるユダヤ人が敗者となり、ユダヤ啓蒙主義を通して作られ、永続するはずだった作品が破壊された。

> 我々――ロシア・シオニスト――は今日、静かな哀しみと痛みをもって、それら〔一九一七年革命時の〕輝かしい時代を思い起こす。〔…〕我々は、あらゆるロシア・ユダヤ人と同様、虐待され、破壊された陣営にいる。だが、我々は火中から我々のトーラーを運び出したのだ。
> (Gepshtein 1922)

このように、ユダヤ的な側面を引き立てるものとしてのロシアという感覚は、彼らシオニストのなかではすでに失われてしまっていた。

だが、注意しなければならないのは、彼らが単にロシアに失望して新天地を求めたという単純な話ではなかったという点である。

パレスチナには確かに新天地としての意味があった。しかし、そこで隣人となるアラブ人や、当面の支配者となるイギリス政府に対する態度に、以上のロシアでの経験が影を落としていく。

3 ポグロムの理解

シェヒトマン

ここで改めて、シェヒトマンがポグロムをどのように理解していたのかを確認しておきたい。

シェヒトマンは一八九一年にロシア帝国ウクライナの港町オデッサに生まれた。高校・大学ともにロシア語で教育を受け、大学はノヴォロシスク大学のほか、ベルリン大学にも通った。その頃から、ペテルブルクで出版されていた『ラスヴェト』のベルリン特派員を務めるようになる。

一九一七年にウクライナである程度の自治が達成されると、そのラーダ（議会）の議員に選出される（Ferrara 2011, pp. 724-725）。後ほど登場するシオニストのユーリー・ブルックス（一八七〇―一九五一年）も一時期、ロシアから独立した直後のリトアニアで議員を務めたことがあるように、この時期にシオニストなどのユダヤ人が議員に選出されるのは、多くはないにしても稀なことではなかった。

シェヒトマンのウクライナとの関わりについては詳しいことはわかっていないが、一九一七年に『ユダヤ人とウクライナ人』という小冊子を出版している。

そのなかで、革命後にウクライナの自治が現実味を帯びてくるなかで、ロシア帝国領で最もユダヤ人口が多いのがウクライナであることを踏まえ、両者の連帯を訴えている。特に、オーストリア・ハンガリー帝国で、ユダヤ人が支配民族のドイツ人に同化したことによってチェコ人など他の民族の反ユダヤ主義を高めてしまったことを反省すべきだと指摘する。少数民族の権利擁護に言及しているウクライナ人の自治にユダヤ人が積極的に関わるよう彼は唱えるのである（Shekhtman 1917）。

こうした関心のためか、実際には白軍以上にポグロムの数が多かったとみられるウクライナ民族主義者には比較的同情的で、批判がもっぱら白軍（＝ロシア人による支配を基本的には継続する志向を持つ）に向いているというバイアスが感じられる。

一九一九年から二一年にかけて（本人の回想では一九一七年から二〇年となっている）、白軍・赤軍両体制下で機能していた鉄道労働者の協同組合の弁護士として彼はそれなりの地位にあり、シオニスト活動も比較的自由にできていたようである。その後、ドイツやフランス、ポーランドなどに渡り、新生『ラスヴェト』に頻繁に寄稿するようになる。

一九四一年に渡米すると、アメリカの修正主義シオニスト（ジャボティンスキー率いるシオニスト右派）や住民交換の専門家として活動した（Ferrara 2011, pp. 275-277）。住民交換については、本書全体を踏まえて、終章で言及する。

『ウクライナにおける義勇軍のポグロム』

シェヒトマンが先述の『ラスヴェト』の記事のなかで準備中と書いていた白軍支配下におけるポグロムを記録した本は、一九三二年に『ウクライナにおける義勇軍のポグロム（一九一九―二〇年のウクライナにおける反ユダヤ主義の歴史に向けて）』（Schechtman 1932）と題し、ベルリンにおいてロシア語で出版された。「義勇軍」は白軍の自称である。ちなみに、第三章で見たドイツ・ユダヤ人を批判する記事の著者が序文を寄せている。

シェヒトマンが主な資料としたのは、ベルリンの東方ユダヤ歴史文書[3]（Ostjüdisches Historisches Archiv）が集めた証言、ウクライナで発行されていた新聞、ユダヤ人戦争被害者救済委員会（ＥＫＯＰＯ）の文書、赤十字社の文書、白軍将軍の回想などである。

この書で描かれる構図は、次節の議論と密接に関連するため、以下では各章の内容を詳細に要約していきたい。

まず序章では、白軍は外からやってきた勢力で、人材はウクライナ人ではなく、ポグロムに加担したのはロシア人（「大ロシア人」）とコサックであることが概略として示される。ここでも、ウクライナ人に親近感を持っていたシェヒトマンの姿勢が透けて見える。

第一章「義勇軍のウクライナ進出とポグロム」では、当局の動きは鈍かったが、ポグロミスト（ポグロム加害者）は団結していたという対比が描かれる。ただし、フランス軍駐留地ではポグロムは起こらなかったといい、「文化的な実力者」が機能していればポグロムは起こらないという、パスマニクにも通じる構図が示される。

白軍がユダヤ人の多い地域に侵攻してきたのは一九一九年夏で、当初はユダヤ人に対する過激さはなかった。それでも、ユダヤ人は親ボリシェヴィキであるとする彼らの不信感は明らかだったという。ユダヤ人は捕虜にされた際、民族的な指標で判断された。ポグロムを開始したのは白軍だったが、この時期は比較的血は流れず、規律はあって、主に略奪が目的だった。

第二章「義勇軍の社会・政治的様相と公的反ユダヤ主義」は、ウクライナ社会の反ユダヤ化の過程をたどる。白軍には当初ユダヤ人の将校が在籍し、反ユダヤ主義もさほど強くなかったが、ウクライナでは部隊の民族化が進んだ。市の行政からもユダヤ人は排除され、ユダヤ人がボリシェヴィキに参加していることが白軍の新聞で報じられるなど、ロシアの破壊者としてユダヤ人が表象されていったという。

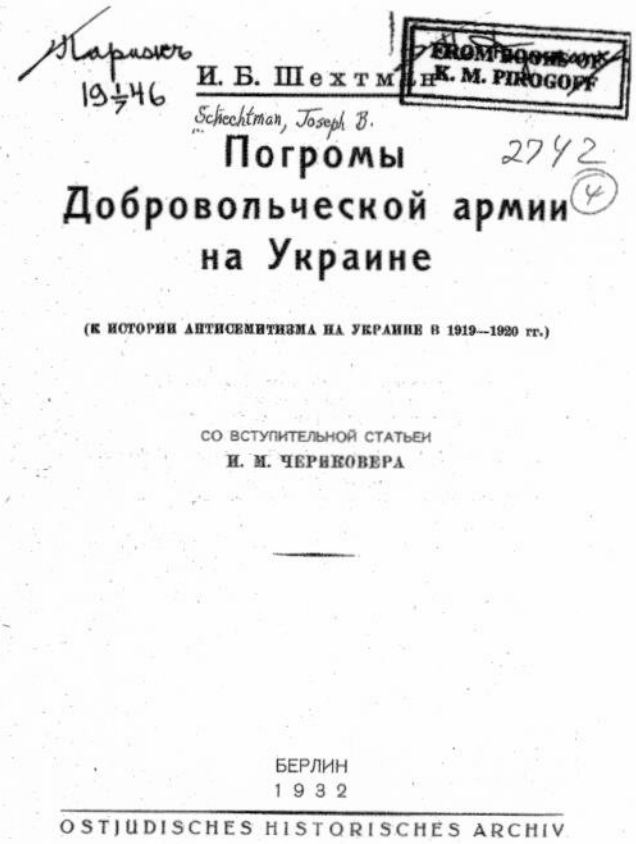
FROM BOOKS OF
K. M. PIROGOFF

И. Б. Шехтман

Schechtman, Joseph B.

Погромы Добровольческой армии на Украине

(К истории антисемитизма на Украине в 1919—1920 гг.)

Со вступительной статьей
И. М. Чериковера

Берлин
1932

OSTJUDISCHES HISTORISCHES ARCHIV

『ウクライナにおける義勇軍のポグロム』

第三章「社会集団と政党のユダヤ人に対する態度とユダヤ人の義勇軍に対する態度」では、まず、積年の反ユダヤ主義が再び顕在化したことが指摘される。正教会教区の基盤として「ロシア民族共同体連合」が結成され、「外国」の資本や企業の参加からの自由が訴えられるようになった。教会は伝統的に反ユダヤ的だったという。

カデットは親ユダヤ的とされていたが、シェヒトマンによると問題もあった。一九一九年一一月のハリコフ（ハルキウ）会議の場では、「ユダヤ人がポグロムの発生を望まないなら、自らがボリシェヴィキに反対だと表明しなければならない」と、事実上ポグロムを正当化する文言も発せられている。

そうしたなかでも、進歩派の急進派は凄惨なポグロムに無関心ではいられず、キエフでは反ユダヤ主義と闘う連盟が結成され、反扇動的教育も試みられた。しかし当局が敵対的で活動は広がらず、オデッサで同様の組織が結成されるにとどまったという。

職能組合や協同組合でも反ポグロムの強い抗議が発せられ、ユダヤ人に安堵をもたらしたが、趨勢を変えるには無力だった。

こうした観察から、当局には批判的でありながら、ウクライナの一般民衆に対しては同情的なシェヒトマンの思いを読み取ることができる。

一方、ユダヤ人は、九〇％がプチブル階級だったため、白軍による解放を待ち望んでいた。ヴィナヴェルらのユダヤ人民グループを除いて組織的な支援こそ行われなかったが、ユダヤ人の世論としては親白軍で、デニーキンのリベラリズムへの信頼も厚かったという。

第四章「義勇軍ポグロムの大衆的時期（一九一九年八—九月）」では、ポグロムがいよいよ本格化していく流れが描かれる。シェヒトマンが強調するのは、ポグロムにこれといった大義がなかったこと、また、ウクライナ人ではなくコサックが多く参加していたことである。

反ユダヤ主義自体、流言レベルの無根拠なステレオタイプだが、ポグロムの最中に、さらなるステレオタイプが塗り重ねられていく。ポグロムの一つの引き金に、「ユダヤ人の銃撃」という噂があった。白軍との戦闘時、ボリシェヴィキがユダヤ人の空き家から銃撃したことが要因だという。そこから、ボリシェヴィキがユダヤ人を全面的に支援しているという噂が立った。

白軍によるポグロムは最も凄惨なものの一つで、毎回一〇〇～一〇〇〇人が殺害された。老人・女性・子どもの割合が高かったうえ、襲撃に特別な理由はなく、町を歩いていたらコサック集団に止められ、「ユダヤ人か?」と聞かれて頭を撃たれる場合もあったという。

ウクライナ民族主義者の指導者シモン・ペトリューラが率いるポグロムでは、レイプは二次的なものだったが、義勇軍のポグロムでは、レイプもポグロムの重要な目的になっていた。実数は被害者が沈黙することが多いために不明であり、妊娠して医者を訪れたために多少判明する程度だった。そのほか、拷問や辱めなども見られたという。

このように、白軍によるポグロムの残酷で野蛮な側面をえぐるシェヒトマンは、第五章「義勇軍ポグロムの特質」でさらにポグロムの諸相に切り込んでいく。

ポグロムはしばしば火事を合図に始まった。白軍ポグロム全体のなかで略奪と殺人のどちらが主だったかを答えるのは難しいが、基本的な目的は略奪で、略奪のために殺害する場合もあったという。以前のポグロムでは、略奪者は急いでいたが、白軍のポグロムでは、略奪者は長く滞在し、奪えるだけ奪った。多くの場合、共産主義者や武器の捜査という名目で将校が同行し、どの層のユダヤ人も被害に遭った。

拷問したり首を絞めたり、女性の髪を燃やしたりしながら、ユダヤ人から奪ったものを農民に売り、ユダヤ人の家で入手できないものを農民から入手するといったように、ユダヤ人が軍の補給源になっていた側面もある。

農民はポグロムにはあまり加わらなかったが、ユダヤ人が逃げ出した家を物色することはしばしばあり、コサックが金目のものを奪っていった後に残った家具などを持ち去ったという。

白軍は軍税も要求したが、それでポグロムから救われたわけではない。白軍は無神論者ボリシェヴィキの宗教的感情への冒瀆に対抗するといって活動していた割には、シナゴーグのなかを荒らしてユダヤ人の宗教感情を冒瀆していた、とシェヒトマンはポグロミストの矛盾を突く。

第六章「非ユダヤ人のポグロムに対する態度。義勇軍の本質」では、ウクライナ社会のなかで白軍のポグロムの特質が整理される。

白軍のポグロムは戦争のような特徴を持ち、例外なくユダヤ人をボリシェヴィキと同一視し、やはり例外なく彼らを処罰することを望んだ。インテリ層はポグロムには参加しない場合が多かったが、略奪者を支援し、ユダヤ人に不利な情報を吹聴した。ギムナジウムの教員が略奪に参加することもあったという。

一方、地元のキリスト教徒がポグロムに参加する場合もあったが、ユダヤ人を匿《かくま》う場合も非常に多かった。ラビが牧師に匿われることもあった。農民はポグロムに否定的で、農民の代表団がポグロムをやめるように請願することもあったが、ポグロムのあとで盗みに入るケースは多く、それがユダヤ人に多くの被害をもたらしたという。

赤十字の報告では、農民はポグロムには参加せず、ユダヤ人を匿うとされていた。農民がユダヤ人の居場所を暴露する稀なケースでは、匿った者は厳しく処罰するという白軍からの圧力またはそのような噂が関係していた。白軍は当初は小さかったが、次第にコサックが多く参加し、人選も甘かった。デニーキンが反動的な貴族を受け入れたことから失敗は始まったとシェヒトマンは見ている。義勇兵のなかには、散々ポグロムを行ったうえで昇進する者もいた。

そして、シェヒトマンが最も注視していたと思われるのが、第七章「処罰されないポグロムと当局の態度」である。

白軍の上層部は、右も左もユダヤもギリシャもなく統一ロシアのための敵か味方かしかないと強調したが、言葉が躍るだけで、現場ではそうした指令は無視されていたという。結局は公的なところでも「トロツキーとその仲間たちのユダヤ人を撃退せよ」と叫ばれていた。

ポグロムに対する「闘い」といっても、処罰を伴わないものだった。将校が立件されるケースは少なく、死刑が言い渡されても後に懲役に減刑された。懲役はいずれ恩赦されるものとみなされていたのである。ただし、被害者がキリスト教徒だった場合は厳格に処罰されたという。

つまるところ、白軍関連の文民はユダヤ人に敵対的で、ポグロムに協力的だった。各地の当局は、多かれ少なかれ(反ユダヤ的な)帝政期の高官の手の内にあった。デニーキン自身はポグロムを望まず、それを愚かなものと考えていたが、他方では「ユダヤ人のコミッサール」、「ユダヤ人のボリシェヴィキ連隊」といった表現を繰り返していた。また、ポグロムを望まないなら、ユダヤ人のコミッサールを説得すべきだと、ユダヤ人の代表団の前で複数回語った。これは帝政期に起こったポグロムについて、内務大臣プレーヴェなども用いていた論理である。

こうした空気のなか、ポグロムを防ぐ手立てを講じることに期待しても無駄だった。ポグロムの後も当局は責任の所在を曖昧にし、隠し立てした。ポグロムを抑えようとする言動は、ポグロムを抑え、被害者を救いたいという動機に基づくものではなく、所詮、外見を繕うものにすぎなかった。なお、ユダヤ人の自衛組織については、武力の独占を義勇軍政府が目指したため、程なくして解体させられた。ボリシェヴィキの一隊と同一視して厳しく取り締まることもあったという。

第八章「無風の時期（一〇―一一月）。ポグロムの帰結」では、一時的に収まった時期の状況が描かれる。

三ヵ月半、ポグロムは起きなかった。だが、平和だったわけではなく、コサックによる小規模な略奪と殺人は続いた。商店は閉まり、取引も行われなくなったため、経済活動は停止した。飢餓やチフスなどの流行病が蔓延したが、薬局は破壊されており、ポグロム後、死亡率は上がった。森に逃げ込んでも怖くて食料を探せなかった。滞留時間が短かった追いはぎやペトリューラの部隊によるものよりも白軍によるポグロムのほうが犠牲者を多く出したのは、こうした悲惨な難民状況にもよるという。

運命を悲観したユダヤ人の多くが移民を望んだが、白軍は町の出入り口を封鎖し、交通網も管理していたため、簡単に出ることはできず、逮捕された難民もいた。

最後の第九章「義勇軍の撤退とポグロムの新たな爆発（一九一九年一二月―一九二〇年三月）」は、改めて白軍が絡んだポグロムの特質を描き出す。

白軍撤退時のポグロムは前例のない凄惨さだった。集団虐殺は過去にも例があったが、今回はそれ自体が目的になっていた。そこでは、「共産主義者」、「ブルジョワ」、「投機」という言葉がユダヤ人に向けて投げつけられたという。

白軍の指導者は否定しているが、ユダヤ人に対するポグロムの特殊性は明らかである。ユダヤ人に対するキリスト教徒の組織的運動が内戦と別にあったことが資料から垣間見られ、コサックがユダヤ人のみを狙っていたことを示す資料もある。ある追いはぎは、ユダヤ人が何をしたのかと問われた際、「奴は何もやってない。奴はただユダヤ人なだけだ」と答えたという回想も残っている。

シェヒトマンは、ビケルマンに向けて述べたのと同様に、ウクライナにおけるポグロムは、全体として、内戦の不可避的な挿話だったのではなく、ユダヤ人に対する特別なキャンペーンとしての特徴を持っていたとまとめている。

シェヒトマンの視点

以上のかなり詳細な事実関係について筆者自身は検証をしていないし、先に挙げた資料がホロコーストでかなり消失していることもあり、十全な検証は難しいだろう。だが、内戦期のポグロムが戦争に不可避的に伴う犠牲などではなく、明らかにユダヤ人を狙い撃ちにしたものだったことについては、今日の歴史家は一致している（ただし、過去の歴史家では、例えば白軍に好意的なリチャード・パイプスは混乱期の略奪の延長としている）。例えばオレグ・ブドニツキーは、ユダヤ人がユダヤ人であることを理由に殺されたという点で、内戦期ポグロムはホロコーストのさきがけだったとする (Budnitskii 2012, p. 274)。

しかし本章にとって重要なのは、シェヒトマンの記述の真偽より、シェヒトマンがこのような認識を持っていたこと、それがシオニストなどのユダヤ人によって語り継がれたであろうことである。

シェヒトマンの認識の要点は次の四点に集約される。

(1)ポグロム加害者とウクライナ農民の区別（後者はユダヤ人を救うこともあった）。
(2)白軍のロシア人以上に、コサックの登場回数が圧倒。
(3)カデットなど多くの進歩派を含めて「大ロシア人」（＝エスニック・ロシア人）はユダヤ人に対して冷淡。
(4)当局の取り締まりは不十分で、ユダヤ人に冷淡か敵対的。

(1)と(3)については、もともとシェヒトマンがウクライナ民族主義者に好意的であることも関係しているが、いずれにしても最終的にロシア人を見限った、つまり、「ロシアの民主主義」への不信感を募らせた要因になったといえるだろう。

だがそれ以上に注目すべきなのは、第一に、シェヒトマンが(1)、(2)に見られるようにウクライナを多層的に捉えている点と、第二に、特に(4)に見られるように、国家機構を潜在的にはポグロムを抑止しうるものとして位置づけている点である。

まず第一の点は、コサックを含むウクライナの人々を全体として敵視するのではなく、そのなかに危険分子がいたという認識につながる。それはとても「非文化的」で野蛮な分子だが、ウクライナの全員がそうであるわけではないので、国家が犯罪者を取り締まって治安を維持するのと同じように、国家によって抑えることができる範囲のものだということになる。

ところが、ここで第二の点が問題になる。国家は取り締まらなかったからである。その結果ポグロミストは野放しになり、被害が拡大した。

そして、こうした構図は、パレスチナにも投影されていく。

4　ポグロムの記憶のパレスチナへの投影

初期のパレスチナ観

出身や派閥にかかわらず、シオニストのほとんどは、一九二〇年代初頭までパレスチナでのアラブ人との関係について楽観的だった（アハド・ハアムが早くから警鐘を鳴らしていたことが知られるが、これはかなり例外的である。シオニストの対アラブ観については、Gorny 1987を参照）。

もちろん、それは初期のシオニストがアラブ人に対して融和的であったとか、ましてや彼ら先住民に対して慎ましくあったということを意味しない。

例えばシェヒトマンは一九二三年に『ラスヴェト』に寄せた「我々のアラブ政策」という記事で、「我々」はアラブ人の十全な民族的権利を、アラブ人が次の二点を認めることと引き替えに認める、と書いている。⑴パレスチナにおけるユダヤ人の民族的本拠地の建設、⑵ユダヤ人のその地への自由な移民（Shekhtman 1923c, p. 6）。

もちろん、パレスチナをユダヤ人国家にするとか、アラブ人の居住地を侵食するといったことは言っていない。バルフォア宣言と同様、「民族的本拠地」は曖昧で、好意的に読めば一区画の使用にとどまるともいえるため、これだけではアラブ人を追い出そうとしているとはいえない。とはいえ、新参者にしては「上から目線」な物言いであることは確かだ。

いずれにしても、シェヒトマンの見通しは楽観的だった。この記事のなかで彼は、アラブ問題はほとんどが外的なもの（パレスチナ以外の、シリアやレバノンなど、周囲のアラブ地域の問題）にすぎず、シオニストの開拓者とアラブ人のあいだにはわずかな軋轢も見られないと述べている（ibid., pp. 4-5)。別の寄稿者も、同時期のパレスチナでは、ユダヤ人とアラブ人のあいだで相互に利益を得る協力の余地が大いにあるという楽観論を語っている（Gottesman 1923)。

シェヒトマンはまた別の記事で、アラブ政治におけるパレスチナの重要性を過小評価しながら、次のように書く。

> アラブ運動の先導者は――少なくとも公式的に、また有効性を持った形では――アラブ国家を構成する同格のものとしてパレスチナを組み込むというスローガンは実際には表明していない。〔…〕パレスチナのアラブ人の扇動はローカルな性格のものであり、アラブの民族的政治的野心の本流からは外れている。(Shekhtman 1923b, p. 5)

問題は、この「ローカルな性格」についての彼の視座がロシアでの記憶に影響されていたかもしれないということである。

共通項としての「東方」と当局への不満

リトアニアで議員になったこともある人物として先に言及したブルックスが『ラスヴェト』に寄せた「東方の運命」という論考は、シオニストのロシアでの記憶と彼らのパレスチナの捉え方が実際に関連していたことを示唆している。ポイントは、シオニストと先住民、そして、オスマン帝国崩壊後に支配することになったイギリス委任統治政府という三者の関係性である。

ブルックスはパレスチナとアラブ人について次のように描く。

アラブの砂漠に広がった諸国は人類の文化の揺りかごであり、ここ半世紀のなかでメソポタミアやシリア、パレスチナで定住人口も広がりつつある。しかしそれらは総じていえば、紛争と略奪に溢れる後進的な国々のなかの小さな諸集団に分散した小さな部分にすぎない。イギリスはこの国を「半文化的」な状態に押しとどめようとしている。アラビアとメソポタミアは、半野蛮的で半遊牧的な、弱い首長と地方のシャイフ（長老）の手中にあるが、イギリスはこれらの国々に介入するつもりはない。

パレスチナについていえば、現時点において、この小さな国が、独立国家をつくるための文化的な力も、遊牧民を追い出すための物質的手段も持っていないことは誰の目にも明らかである。イギリス人自身は、定住のための人も資本も、また防衛のための手段も置こうとはしない。彼ら

〔イギリス人〕は反文化的《ママ》な勢力が望むままにシオニストの妨害をし、〔その結果〕他の定住した文化的な人口を殲滅しかねない不埒な集団が現れている。

ブルツクスは続ける。

かつてはトルコ（オスマン帝国）のパシャ（高官）が法と秩序を維持していたが、イギリス委任統治政府の高等弁務官にそのような考えはない。近東における新たな野蛮の時代を防ぐには、イギリスの政治の改変が必要である。いずれにしても、あらゆる文化的な世界と一五〇〇万の文化的なユダヤ民族の特定の利益につながっている「半文化的」なアラブの首長国の志向性はパレスチナには合っていない――。

イギリスが「本当にパレスチナを東方における文化的なオアシスにする気概を持っているなら、文化の地位と法治をなんとか支持しなければならないし、あらゆる暴力行為や部族的嫌悪、犯罪的なデマゴーグを、威厳を持って罰し、止めなければならない」（以上、Brutskus 1923）。

ブルツクスはこのように、アラブ地域にはびこる野蛮な分子の危険性を説き、イギリス当局がそれを防ぐための努力を十分にしていないことに警鐘を鳴らす。

ジャボティンスキーもイギリスの初代パレスチナ高等弁務官ハーバート・サミュエルの政策に対する不満を表明していた。サミュエルの三年にわたる統治を評するなかで、ジャボティンスキーは彼を反ユダヤ的であり、一九二一年の「ポグロム」（＝アラブ暴動）に関与した者を十分に処罰していないと非難した。ジャボティンスキーは、サミュエルが「殺人者と略奪者をハガナー〔シオニストの自衛組織〕と同一視」したことに怒りを示す（Zhabotinskii 1923a）。

この同一視は、旧ロシア帝国でのポグロムの際に、当局がユダヤ人に責任があるかのように振る舞い、ユダヤ人の自衛を禁じたことを思い起こさせただろう。彼はこう憤慨する。「サミュエル氏は、あえてシオニストを脇に追いやり、幼少期と成人期の中間である青年期と同様の、未開と文化の中間にある諸部族との危険なゲームに興じている」（ibid.）。

もっとも、「同一視」ということでいえば、外から急にやってきて自らの生活を脅かすシオニストやイギリス統治機関に向けられた抗議の性格が強い暴動を、ジャボティンスキーらがロシアのポグロムと同一視してしまったことは、アラブ人にとってはかなり不本意だっただろう。この暴動は、序章で触れたように、地中海沿岸の港町ヤーファー（ヤッフォ）で、ユダヤ人労働者のメーデーの行進を契機にして発生したものである。

一九二九年の暴動

パレスチナでは一九二九年に、さらに大規模な暴動が発生した。

ここでシオニストは再びポグロムの記憶を想起することになる。この暴動も、シオニストやイギリスに対する抵抗という性格のものだったが、シオニストの新聞では「ポグロム」という言葉が再び充てられた（例えば、Shekhtman 1929）。

『ラスヴェト』のある記事は次のように説いている。

パレスチナのユダヤ人、シオニスト機構、そして世界中のユダヤ人はいまや次のことを理解しなければならない。パレスチナにまき散らされたユダヤ人の血は、ウクライナと同様、あまりに無益にまき散らされた。そして、それが我々のパレスチナでの地位を向上させることは決してない。(Trivus 1929)

単にユダヤ人に対する集合的な暴力だっただけでなく、国家機構に対する苛立ちという点でも、パレスチナでの暴動とロシアのポグロムは同一視された。

この暴動を報じた同誌の最初の号は、軍が「アラブ人ではなく我々を武装解除した」という点でイギリス政府を非難し、「もしユダヤ人のパレスチナが今持ちこたえるとすれば、それは〔ユダヤ人の〕「部隊」においてである」(Dnevnik, *Rassvet*, 35 (Sep. 1), 1929, p. 2) と宣言している。

さらに、イギリス兵が修正主義シオニストのヘブライ語誌『ドアル・ハヨム』の事務所を捜索して、編集長を逮捕した一件も報じられ、記事は次のように訴えている。

これが起こったのは、ツァーリの、さらにはボリシェヴィキのロシアではなく、ルーマニアでも、ポーランドでもなく、国家当局が世界で最も文化的な国民の手のなかにある領土で起こったのである。これはパレスチナで、大英帝国に属する委任統治領で起こったのだ。(Shnaiderman 1929)

暴動のおよそ八ヵ月後、ブルツクスは「ポグロムの心理」と題する記事を寄せ、次のように記した。「完全なる大量虐殺による政治的・宗教的問題の解決手法は、東方の伝統であり、最近では、恐ろしい成功をもってアルメニアやアイゾル〔アッシリア〕の住民について適用された」。

ここでもブルツクスはイギリスに責めを負わせている。かつてならイギリスはトルコやロシアに対して、虐殺やポグロムを奨励したことを躊躇なく責めていたのに、パレスチナ政府に関してはそうしなかったからだという。

ブルツクスによると、アラブ人は罰せられないため、政府は自分たちの側にあると考えている。一方、テルアビブのように地元当局がポグロムに反対していた場所では、アラブ人は暴力をけしかけたりしなかった。イギリス政府がアラブの加害者に責めを負わせたりしないことが、ポグロム加害者の心理の背後にはあり、それがあらゆるポグロムの主要な原因になっている、と彼は結論づける（以上、Brutskus 1930）。

このように、粗野な「東」の土着の民と、彼らの暴挙を罰しない当局、という構図がパレスチナの「ポグロム」でも再生産されていることがわかる。土着の民のみならず、当局についても結局はロシアの繰り返しだと彼らは認識するようになったのだ。

5　ポグロム被害者のオリエンタリズム

パレスチナとオリエンタリズム

シオニストがアラブ人を「東」として表象したことは、さしあたり彼らを「野蛮」と結びつけることを意味した。しかし、彼らの自己意識を詳細に分析していくと、この点でもロシア時代から続く独特な自己のありよう（＝諸側面の組み合わせ）が浮かび上がってくる。

「東」を「野蛮」と結びつける発想そのものは、パレスチナ出身の思想家エドワード・サイードの『オリエンタリズム』（サイード　一九九三）以来よく知られている思考様式である。サイードのいう「オリエンタリズム」とは、西洋人が中東やアジアなどの「東洋」に対して、時に憧憬のようなものも含みつつ、「西洋」にはないもの、「西洋」ではないものの体系を投影することを指す。「文明」ではないもの、すなわち「野蛮」、という要領だ。

サイードは、シオニストやイギリス政府をはじめとする「西洋人」がパレスチナの先住民をオリエンタリズムのプリズムを通してしか認識せず、遅れたもの、劣ったもの、そして獰猛《どうもう》なものとして扱い、対等な存在として見てこなかったことを告発する（サイード　二〇〇四）。

パレスチナ／イスラエルをめぐって、サイードの議論に沿うような事例は枚挙にいとまがなく、オリエンタリズム論は今日でも依然として有効である。

ただし、ロシア・シオニストに関しては、高慢な西洋人が一方的にパレスチナの先住民を見下して支配したという構図とは少しずれる部分を含んでいる。

ロシアのなかの西洋

まず、ロシア・シオニストは、単純に「西洋人」だったわけではない。

ロシア人やロシアの専門家にはおなじみの議論だが、ロシアがヨーロッパなのかアジアなのか、あるいはその中間なのかは古くからロシア人を悩ませてきた問題である。少なくとも自己意識の次元では、ロシア人はサイードの念頭にあるイギリス人などの西欧人と同じように、自信を持って自らを「ヨーロッパ人」と定義することが必ずしもできないのだ。

むろん、「西洋」、「東洋」というのは実際には主観的で相対的な概念である。ロシアのアジア地域やカフカース、中央アジアなどで、ロシア人が西洋人として振る舞うことはよくあった。ロシア出身のシオニストもまた、パレスチナで同様に、素朴に西洋人として振る舞ったこともあっただろう。

しかしそうだとしても、ロシア・シオニストは、ある意味でドイツやイギリスの出身者以上に西洋人として自らを意識していた。

それは、必ずしも西欧から見下されてきたはけ口を自分たちよりさらに「東」の中東に求めたということではない。

そうではなく、すでにヴィナヴェルらリベラリストやパスマニクの言動で明らかなように、ロシア・ユダヤ人はロ、シ、ア、の、な、か、で、の、「西洋」を自任していた。ロシアの住民として、切実に西洋を目指していたのだ。

ロシア思想史の定番のトピックに、スラブ派と西欧派の対立というものがある。ロシアは独自の道を進むべきか、それとも西欧化していくべきかという路線をめぐる対立である。本書に登場するロシア・ユダヤ人は、おおむね、この文脈での西欧派に属していた。

亡命後も例えば『ユダヤ・トリビューン』では、スラブ派の発展的な側面を持つユーラシア主義に対して、それは聖職権主義であり民主主義に反するからロシア・ユダヤ人には受け入れられない、とする議論が載っていたりする (Poliakov-Litovtsev 1921)。

パスマニクは一九二三年に著した『ロシア革命とユダヤ人』のなかで次のように語っている。「ロシアの悲劇は一〇〇年前の一八二五年一二月一四日、我々の支配階級がピョートル大帝の令を破り始め、タタールのくびき時代の無用の代物とともに、彼らに開かれていたヨーロッパへの窓を閉じようとしたときに生まれていたのである」。

パスマニクのなかでは、「文化的な」ロシアであれば、ユダヤ人問題は解消し、ポグロムも歴史上の出来事になっていたはずだった (以上、Pasmanik 1923a, p. 221)。

パスマニクはともかく、シェヒトマンらは自己のなかから、ロシア的側面を、ロシア語話者という部分を除いて捨て去った。だが、それとユダヤ的側面を結びつける際に媒介していた「西洋」的側面は残っていたのだ。

国際関係を規定した「内なる国際関係」

しかし、ロシア・シオニストが意識的に備えていた「西洋」的側面は、彼らにとって否定的な意味で「東洋」を体現していたアラブ人と交わるうえでは、あらかじめ大きな障壁として機能することになった。

つまるところ、パレスチナでも、ロシア・シオニストのなかでは、ユダヤ人はロシアにおけるのと同じ立ち位置にあった。パレスチナにおける「東洋」の要素と、「西洋」としての側面を持つ自らを対置しつつ、「東洋」の要素をうまくコントロールすることを彼らはイギリス政府に求めた。「西洋」を体現するイギリス政府には、その能力があるはずだった。

だがイギリス政府がその能力を行使しないと見るや、ロシア当局に対するのと同様の失望をイギリス政府に抱くようになる。ジャボティンスキーを筆頭とする修正主義シオニストらは、シオニスト諸潮流のなかでも早い段階からイギリス政府に対して懐疑的になっていった一派である。「はじめに」で言及したように、このことは、その流れに属するベギンらがイギリス政府に対してテロ行為を行ったことの伏線の一つになっている。

もちろん、アラブ人の暴動に対するイギリス政府の方策が本当に甘かったのか、また、そもそもそれは一方的に抑え込むべきものだったのかという点については、シオニスト内部でさえ見解は分かれていたし、ましてやアラブ人はまったく異なる見解を持っていた。

しかしここで注目したいのは、彼らの認識の是非ではなく、彼らの認識が、ロシアから始まっていた「内なる国際関係」の延長線上にあったということ、そして、それがおそらく、パレスチナでの国際関係・民族間関係を規定する一つの要因になっていたということだ。

＊

ポグロムがシオニズムに与えた影響は、単にユダヤ人という集合単位だけで見ていても十分には理解できない。嵐に見舞われ、それから逃避するのと同じようにシオニズムが興《おこ》ったわけではなかった。

ポグロムはロシア・ユダヤ人の自己のなかで、ユダヤ的側面とロシア的側面がうまく結びついていた状況を破壊し、民族的側面をユダヤ的側面に一本化することを後押しした。それは民族としての自衛を先に考えるリアリストのモードである。つまり、ポグロムはユダヤ人の周囲との関わり方そのものまで変えてしまったのだ。

しかも、ポグロムの記憶はパレスチナに持ち込まれた。ロシアにおいてその西洋化を請け負う立ち位置にあったユダヤ人だったが、ロシアの（彼らの理解における）「東洋的」な部分によってそのあり方は挫折する。

だが、彼らはアラブ人の暴動が起きたパレスチナを同じ構図で理解した。東洋的な暴力と、それを抑え込もうとしない西洋的な国家機構というデジャヴの構図である。もちろん、そのことはパレスチナのアラブ住民には知るよしもなかったが、そのように理解したシオニスト自身が武器を持って立ち上がる決断に至るのは、もはや時間の問題だった。

第六章

相補関係のユダヤ化

シベリア・極東のシオニスト

ポグロムの経験を通して、自己のなかの民族的側面をユダヤに一本化することになったシオニストの姿を前章で見たが、様々な側面が相互補完的に自己のなかでつながりあうというあり方そのものは、形を変えて残る場合もあった。

シェヒトマンやジャボティンスキーら修正主義シオニスト（シオニスト右派）の場合は、ひたすらユダヤ人の一体化を目指していたが、多様な地域のユダヤ人の分業体制のようなものを想起するようになったシオニストも現れる。ロシア語圏におけるそうした例として、本章ではシベリア・極東のシオニストの軌跡を追っていく。

1　シベリアのシオニスト

ユダヤ人の一体化と差異化

シベリアのシオニストもまた、内戦期にロシアを追われることになるが、西ではなく、同地域に暮らしていた反ボリシェヴィキのロシア人と同様、極東ハルビンに亡命した（「シベリア」とは狭義ではイルクーツクやオムスクなどが位置するロシアの中央三分の一を指し、ハバロフスクやウラジオストクなどがある東側三分の一は「極東」と呼ばれる）。

しかし彼らの場合、シェヒトマンらのようにただユダヤ人としての自衛に徹するという単線的なあり方とは少し異なっていた。

結論を先取りすると、亡命以前はロシアとともにあった彼らの自己はユダヤ的側面に一本化していったが、今度はそのユダヤ的側面が細分化していく。シオニスト運動の発展や反ユダヤ主義激化のなかで世界のユダヤ人が一体化していく一方で、それと反比例するようにユダヤ人内部での差異化の動きが新たに始まったのである。

それは傍から見ればユダヤ人としてまとまった動きではあったが、ある面では多様性のなかに生きるあり方が続いていたともいえ、やや複雑な様相を呈していた。

シベリアのユダヤ人

ナショナリズム研究の先駆者として知られるチェコ生まれのユダヤ系歴史家ハンス・コーンは、一時期シオニストとして活動していた。

彼の国籍はチェコだったため、第一次世界大戦ではチェコ兵として従軍する。その際、ロシア軍に捕まって、数年間をシベリアのイルクーツクで捕虜として過ごすことになった。

世界で最も深い湖であるバイカル湖にほど近いイルクーツクは、「シベリアのパリ」とも呼ばれる、ヨーロッパ的な町並みを持った中都市である。

イルクーツク滞在期のコーンは、シベリア・シオニストのロシア語週刊誌『ユダヤ・ジズニ』（「ジズニ」は英語の"life"に相当するが、「生活」と訳すと日常生活の意味合いが過度に出すぎ、「生命」とすると保険会社のようになるため、カタカナで表記する）に、シオニスト思想家などについて多くの記事を寄稿した。

現在のイルクーツク

この週刊誌は、ロシア革命後の内戦期、白軍のコルチャク将軍体制下の一九一九年二月から二〇年二月まで発行されている。首都のロシア・シオニスト誌はボリシェヴィキによって廃刊に追い込まれていたため、この時期にロシア語で出版されていた唯一のシオニスト定期刊行物だった。

シベリアといえば流刑地のイメージが強いが、シベリアのシオニスト運動を担っていたのは、コーンのような流刑者ではない。そもそもシベリアは帝政期からソ連期にかけて、国家主導で開拓が行われた地域であり、ユダヤ人もそれに乗じてシベリアに入っていった。コーンを除くと、『ユダヤ・ジズニ』編集部の多くはシベリア出身者か長くシベリアに暮らしていた者で占められていたと見られる。

ユダヤ人への締め付けが厳しかった中央から遠く離れ、人口密度も低かったシベリアで、ユダヤ人は比較的自由を謳歌していた。キリスト教に基づく伝統的な反ユダヤ主義も希薄だったため、ユダヤ人と現地住民の関係も帝国西部と比べて良好だった。第一次世界大戦開始まで、シベリア・ユダヤ人の多くは経済的に安定し、言語・文化的にはロシア人にかなり同化していたことが知られている（Beizer 2009, p. 38）。

コーン自身、一九一九年のイルクーツク滞在を実り多いものと回想しており、同市は「一〇万人ほどの人口で、とても住みよく、気持ちの良い都市だった」と記している（Kohn 1964, p. 114）。『ユダヤ・ジズニ』も、シベリア・ユダヤ人の生活状況はロシアの他のどの地域よりも「好ましい」としていた（*Evreiskaia zhizn'*, 1, 1919, p. 3）。

シベリア・シオニズム

そうした状況にもかかわらず、シベリア・ユダヤ人のなかで、シオニズムはユダヤ人の他の諸政党と比べてはるかに人気を博していた。「にもかかわらず」と書いたのは、シオニズムはユダヤ人迫害に対する反応とされることが多いからである。

全ロシア・ユダヤ人会議（一九一七年一一月開催）に向けた選挙結果を見ると、投票率が低いなかではあるが、ロシア全体で、シオニスト諸政党は他のユダヤ人政党をはるかに凌いでいる（Rabinovitch 2009, p. 207）。なかでも、シベリアと極東でこの傾向は強く、ユダヤ人社会主義組織ブンドが一二一〇票、社会主義色の強いシオニスト組織であるポアレイ・ツィオンが五一四票、その他が四九八票を集めたのに対して、非社会主義系のシオニストの得票は八二四二票にのぼっている（Mendel'son 1919, p. 6）。

シオニストは、一九一九年に設置されたシベリア・ウラル地区のユダヤ民族評議会でも支配的な位置を占めた（ウラルはシベリアの西隣の地域）（Beizer 2009, p. 38）。白軍のコルチャク将軍の体制下（一九一八年秋―二〇年一月）で出版された『ユダヤ・ジズニ』は、この時期にもシオニズムが支持を保っていたことを示している。

ではシオニズムはなぜシベリア・ユダヤ人のあいだで支持されたのだろうか。どのような文脈で彼らはシオニズムを論じ、どのような側面を強調していたのかといったシオニスト自身の声についてはこれまでほとんど知られてこなかった（シベリア・シオニズムに関する文書館史料による研究はいくつかある。Kal'mina 2009 を参照）。

一八九七年の国勢調査によると、三万四四七七人のユダヤ人がシベリアに暮らし、第一次世界大戦前までにその数は約五万人まで増加した（Beizer 2009, p. 37）。シオニスト運動がシベリアで始まったのは、ロシア帝国西部より一〇年以上遅く、ヘルツルがスイスで世界シオニスト機構を立ち上げたのちの、一八九八年頃である。最初のシベリア・シオニスト会議は一九〇三年にトムスクで開催され、一九一二年にはイルクーツクで二回目が開催されている。

組織の支部は、シベリアやウラルの主要都市に設置された。他地域のシオニズムと同様に、一九〇五年前後のポグロムや第一次世界大戦中の強制移住といったユダヤ人の苦境は、シオニスト運動をさらに活性化していく（Kal'mina 2009）[1]。

シベリア・シオニスト運動の中心人物は、『ユダヤ・ジズニ』の編集部の一人で、多数の記事の寄稿者でもあったモシェ・ノヴォメイスキー（一八七三―一九六一年）である。

イルクーツク近郊にあるバイカル湖沿岸の小さな村で生まれたノヴォメイスキーは、死海地域でパレスチナ・ポタシュ会社を設立したことでも知られる。「ポタシュ」とは、カリウム（ポタシウム）を含むいくつかの化合物の一般名である。

バイカル湖の周囲で鉱業や化学工業を展開して成功を収めていた彼は、一九二〇年にパレスチナに移住したのち、死海がシベリアの湖に似た化学物質を有していることに着目して、死海の開発に着手した。彼の会社を前身とするポアレイ・ヤムハメラフ社（英語名 Dead Sea Works）は死海沿岸で現在も操業を続けている。

ノヴォメイスキーは一九二〇年初めの段階になって、コルチャクを非難し、ボリシェヴィキにある程度擦り寄る発言をするにいたったが、それまでは、ボリシェヴィキを批判し、コルチャク政府を支援する方向の記事を複数書いていた（『ユダヤ・ジズニ』の第一号と最後の三号を比較されたい）。シベリアでの活動は、彼の英語の回顧録（Novomeysky 1956）に記録されているが、ごく簡潔にしかイルクーツクのロシア・シオニスト機構の設立への言及がないなど、シベリアでの彼のシオニスト活動に関する情報は乏しい。おそらく、後年反ユダヤ主義で悪名高くなった白軍との関わりに触れる話を避けたのだろう。

ノヴォメイスキー

ヨーロッパ・ロシアのシオニスト運動と同様に、シベリアのシオニスト運動は必ずしもパレスチナへの移住を目指したわけではない。シベリア・シオニストは、運動の最も重要な目的の一つとしてパレスチナにおけるユダヤ人国家の設立を強調していたが、その一方で、イルクーツクやロシア全体の地域政治に、イデオロギー的にも実践的にも関与していた。

ノヴォメイスキーは一九一八年一二月二六日にトムスクで開催されたシベリア・ウラル・ユダヤ共同体会議では議長を務めた。会議ではパレスチナについてはごく簡単に言及されるにとどまり、主に文化活動やロシアでのユダヤ人自治組織の設立が議論されている（*Irkutssk biulleteni*, 1, 1918; 3, 1919）。

シオニストと白軍

このように居住地中心的だったシベリア・シオニストが出版していた『ユダヤ・ジズニ』を紐解くと、白軍のコルチャク政権下でのシオニズムの射程が明らかになってくる。

同誌については、同じく回想に準ずるものではあるが、同誌編集部の一員でシベリア・ウラル・シオニスト機構の副代表だったアレクサンドル・エヴゼロフ（エゼル）によるヘブライ語の概説が存在する。

それによると、同誌は毎週、パリ講和会議、東欧のポグロム、ユダヤ人の自治やロシアの他の少数民族の政治、文化団体「タルブート」を中心とするユダヤ人の文化活動や教育、戦争捕虜の支援、パレスチナの入植地の状況等、広い範囲をカバーし、三二〇〇部が配布されていたという（Yebzerov 1972）。

エヴゼロフは、ロシア帝国内で繰り広げられていた民族政治という観点については深く掘り下げていない。だがこの点は、シオニズムがコルチャクの政権下や変動期に重要性が増した要因を探るうえで重要である。

まず、エヴゼロフが特に言及していない、同誌の反ボリシェヴィキ的傾向を指摘しなければならない。その背景には、ヨーロッパ・ロシアのユダヤ人の反ボリシェヴィズムにも共通する要因があった。

まず、ボリシェヴィキはユダヤ人を「民族」と見なしていなかった。さらに、商取引を禁止したり、仲介人としての役割が主軸となるユダヤ経済を破壊したりするボリシェヴィキの反ブルジョワ政策をシオニストは懸念していた。

ウラル山脈西側のふもとペルミからの報告では、ボリシェヴィキがユダヤ経済を破壊した一方で、臨時政府の軍（白軍）がユダヤ人の社会生活や文化生活を復興したと書かれている。ペルミのユダヤ共同体の代表は、コルチャクへの支持を表明していたという（*Evreiskaia zhizn'*, 10-11, 1919, pp. 22-23）。

エヴゼロフ

ユダヤ人とボリシェヴィキを同一視する言説を意識してか、同誌には、ユダヤ人が他の民族に劣らずボリシェヴィキの被害に遭っていることを訴える記事もある。ボリシェヴィキはユダヤ人が全体の四〇％を占めていた個人商業を破壊したという（Gorskii 1919. M. Gorskii はノヴォメイスキーのペンネーム（Yebzerov 1972, p. 74)）。同誌では、一九一九年終わりのコルチャク体制の崩壊後も、ボリシェヴィキの反ブルジョワ政策に対する懸念が表明されている（Gorskii 1920a; 1920b)。

ロシアとともにあるユダヤ人

彼らにとって最も重要なのは、パスマニクの場合と同様、ロシア国家の存続だった。編集部の署名入りの『ユダヤ・ジズニ』最初の記事は、ロシア国家の崩壊がロシア・ユダヤ人の混乱の主因だと指摘する。この記事は、最も重要なことはパレスチナでのユダヤ人国家設立にあるとしながらも、他の少数民族とともに、ユダヤ人はロシアで独自の利益を擁しており、「ロシア・ユダヤ人の命運は、ロシア全体の民主主義と不可分に結びついている」と述べている。同誌はその主要な目的として「ロシアに暮らすあらゆる人々の広範な民族自治の権利の擁護」を掲げていた（*Evreiskaia zhizn',* 1, 1919, pp. 3-5）。

このように、シベリア・ユダヤ人を含むロシア語系ユダヤ人の運命はロシアと一体であることが強調された。しかも、受動的にではなく、自分たち自身がロシアを多民族的な民主政に変革していくという積極的な関与を伴っていた。

全ロシア・ユダヤ会議を設置する必要性を強調するある記事は、ディアスポラでの民族自治の確立とパレスチナでの国家設立はユダヤ人の意志であると表明している（GIG 1919）。国家と民族の区別は、シベリアでもシオニズムの基本だった。

編集部の一人は、個人としての市民権のみをユダヤ人に認めてユダヤ人の集合的利益を看過する自由主義者の態度を批判しつつ、ロシアは多民族国家であると論じた。「愛国心は国への義務感であるが、その人口のなかの特定の集団に対する服従を意味するものではない」。ロシア国家はすべての民族の「友情、信頼、協力、そして国家全般への愛着」に基づいている（Gitel'son 1919b）。

こうした信念から、シベリア・シオニストは少数民族や他の民主派政党の連合に参加した。同誌によると、民主主義の確立によってしか、ロシアが復興し、ユダヤ人の市民的・民族的平等を含む自由が保障される道はない（Sh. 1919a）。事実、イルクーツクの市議会選挙に向けた「少数民族連合」のリストが同誌には掲載され、そこにはシオニストやムスリム、ラトヴィア人、エストニア人、リトアニア人、ブリヤート人が含まれている（*Evreiskaia zhizn'*, 10-11, 1919, pp. 23, 31）。

コルチャク支持の背景

一九一九年五月二五日に開催された選挙で彼らは結局一議席も獲得できなかった（*Evreiskaia zhizn'*, 15, 1919, p. 19）。しかし、このように本気でロシアの民主国家化を目指したからこそ、当初民主主義の擁護者に見えたコルチャクをシベリア・シオニストは支持したのだった。

今日では、他の白軍指導者と同様、コルチャクの反ユダヤ主義的な性向と独裁的な行動は悪名高い。しかし、同誌では、コルチャクが反ユダヤ主義に対する措置を取ると約したことが幾度か報じられており、「コルチャク提督のユダヤ人問題についての見解」と題された記事では、コルチャクが「民族に対する虐待に私は反対する。〔…〕私は、この国全般の平和によって民族問題の緊急性は消失するものと考えている」と述べたことが引用されている（*Evreiskaia zhizn'*, 16, 1919, p. 12）。

また別の記事「一歩前進」には、「コルチャク提督は彼と彼の政権がユダヤ人問題に完全に誠実に対応し、反ユダヤ主義的扇動に対抗すると宣言した」とある。この記事によると、政権は、「ロシアの国家性の再興に悪影響するため」、ユダヤ人問題を「国家的（gosudarstvennyi）問題」と位置づけていた（Shi. 1919）。

力の源泉としてのユダヤ・ネットワーク

ではなぜ反ユダヤ主義は国家的問題と関係するのか。

鍵になるのは、白軍をめぐる国際政治である。当時、共産勢力の拡大を嫌ったアメリカや西欧諸国は、ボリシェヴィキに対抗するために白軍を支援した。だが西側諸国も、伝統的なツァーリ体制の復活を望んでいたわけではなく、その抑圧的傾向は嫌っていた。

コルチャク政権がユダヤ人問題を「国家的問題」と考える背景に、前記の記事は、ユダヤ人に対する抑圧が政権の反動的性格を示してしまうことへの懸念がある、と説明している。この記事は、コルチャクとユダヤ人の慈善組織アメリカ合同分配委員会（通称「ジョイント」）の代表フランク・ローゼンブラットの会談を報じたものである（この会談については、Beizer 2009, pp. 43-44 を参照）。

興味深いのはこの記事が次の点を強調していることだ。

オムスク政府のトップが、ロシアのユダヤ人をめぐってアメリカの代表団と会談することに合意したという事実は、非ユダヤ人やその政府が、ユダヤ人の世界的な一体性をこれまでになく認知し始めたことを示している。コルチャクの声明からもそのことは読み取れる（Shi. 1919, p. 3）[2]——。

つまり、ユダヤ人の処遇を間違えると、西側からの支援を受けられなくなってしまう、という発想がロシア人のあいだにも生まれるようになったわけである。

こうした指摘は、ユダヤ人の一体性そのものが、国際的・帝国的な舞台でユダヤ人の力になることを、シオニストが意識するようになったことを示している。

慈善でつながるユダヤ・ネットワーク

もっとも、彼らはそうしたユダヤ人の一体性を、自分たちを救ってくれる力の源泉とだけ考えていたわけではない。

シベリア・ユダヤ人の比較的良好な経済状況や地域での民族関係を反映してか、同誌はこうしたユダヤ人の一体性によって、シベリア・ユダヤ人が離れた地域のユダヤ人を援助することが可能になったと記してもいる。つまり、シベリア以外のユダヤ人を、パトロンとしてではなく、逆に援助の対象としても考えるようになったということである。

『ユダヤ・ジズニ』の半周年記念号では、同誌やその外国に関する情報によってシベリアとウラルのユダヤ人と世界のユダヤ人の精神的紐帯が作り上げられたことを誇る記事が載っている。

例えば、シベリアとウラルのユダヤ人のあいだでは、ポーランドやガリツィアにおけるポグロムに対する抗議や、犠牲者援助のための寄付を募る動きを呼び起こしたという（Gitel'son 1919a; Sh. 1919b）。同誌の毎号後半部分には、ポグロムに関する記事が頻繁に掲載されており、そこではポグロムの詳細にとどまらず、シベリアや極東で開かれた抗議集会の様子も報じられている。

また、ロシアだけでなく、ポーランドやガリツィアで発生したポグロムについても頻繁に報じられており、それに対して団結して抗議するよう呼び掛けがなされている（例えば、*Evreiskaia zhizn'*, 4-5,

1919, pp. 14-18)。シオニズムを単にパレスチナに向けた動きに限るのではなく、ディアスポラに残ったユダヤ人のための運動でもあるとする記事もあり、そこでは第一次世界大戦が地域を超えたユダヤ人の紐帯の必要性を生んだといわれる（Iokhanan 1919a）。

文化活動や教育もシベリア・シオニズムの重要な一部だった。だが、それはユダヤ人だったから、というよりも、僻地のユダヤ人だったからである。

主にシオニストによってモスクワに設置された「タルブート（文化）」という組織について、同誌はシベリア・タルブートは他のタルブートより包括的で、同化に対する抵抗まで含むものだと強調している。シベリア・ユダヤ人が世界のユダヤ人の不可欠な一部であるため、ユダヤ人の若者にユダヤ人の民族文化、とりわけヘブライ語に触れさせることが重要であるという。なぜなら、シベリア・ユダヤ人はユダヤ的な伝統の不在のなかで暮らしており、ポーランドやリトアニアのユダヤ人より自由に、そして土地、特にロシア農民の近くで暮らしているからである、と（Iokhanan 1919b）。

こうして、シベリアにおいてユダヤ人としての地位を築いていた点でシベリアと結びついていたシベリア・ユダヤ人は、帝国崩壊期に世界のユダヤ人（という観念）ともつながっていくことになる。つまり、旧ロシア帝国西側の悲惨なユダヤ人の支援を通して彼らとつながり、それを自らがユダヤ人であることの証にすること、そしてアメリカ・ユダヤ人とつながることでロシアでの地位を固めることが、新たに重視されるようになったのである。

そして、それは彼らがロシアないしシベリアに根を張り続けることを前提にしたものだった。

2　ハルビンへの亡命

ロシア語圏での滞留

だがコルチャク政権陥落後ほどなくして、ボリシェヴィキに批判的だったシオニストは、ロシアを去らなければならなくなった。『ユダヤ・ジズニ』は一九二〇年二月二〇日号を最後に廃刊に追い込まれる。

もっとも、他の白系ロシア人と同様に、彼らの一部はロシア語圏とのつながりが深い地域に留まり続けた。

その足取りについては、中国、特にいわゆる満州におけるシオニスト運動やそのユダヤ共同体の主要な指導者だったアブラハム・カウフマン（一八八五―一九七一年）が、イスラエル移住後に次のように概説している（中国におけるシオニスト運動については、Katz 2010も参照）。『ユダヤ・ジズニ』の中心人物であるノヴォメイスキーとエヴゼロフは、まず上海に向かった。ノヴォメイスキーは程なくしてパレスチナに移住し、前記のように死海周辺の開発に着手したが、エヴゼロフには極東に留まってアリヤー（シオニストの用語で、パレスチナ「帰還」の意）やシオニズムの組織化に尽力するように依頼する。そして一九二〇年一〇月一日付で、上海において週刊『シビル・パレスチナ』（『シベリア・パレスチナ』）が刊行された（一九二六年半ばから『ユダヤ・ジズニ』に改名するが、『シビル・パレスチナ』も別名として併記された）。

一二月三日の第九号から、同誌はハルビンに拠点を移し、大日本帝国の支配下で一九四三年まで刊行を続けた。非合法的に、オムスクを含むシベリアにまで配布されていたという（Kaufman 1972, pp. 81-82）。管見の限り、同誌は最も遅くまで発行されたロシア語シオニスト誌である。

一九二一年三月四日の第九号（この年の）からは、カウフマンが編集長になり、多民族都市ハルビンでユダヤ社会とシオニズムを架橋する性格を強めていった。医師であるカウフマンは、当時すでにハルビン・ユダヤ社会の有力者になっていたが、もともとは、前章までに登場したユダヤ人と同様、ロシア帝国西部の生まれである。一九一二年にはハルビンに移住している（カウフマンとハルビン・ユダヤ社会については、高尾 二〇〇六を参照）。

彼のような新参者も多いハルビンの多民族性に関していえば、同誌周辺のユダヤ人はハルビン界隈で日本人とも交流があったようである。一九二三年の号に、当時経済学者・植民政策学者として活躍し、戦後東大総長を務めたことでも知られるキリスト教徒・矢内原忠雄のパレスチナ旅行記が掲載されていることは、その証左となるだろう（掲載の経緯は不明。同紀行文の翻訳紹介としては、鶴見 二〇一四を参照）。

ハルビンのユダヤ人口は一九一七年の時点で一万五〇〇〇人を数えていた（Katz 2010, p. 76）。ユダヤ人入植者たちは、シベリア入植に近い形で、つまり、ロシア政府の対ユダヤ政策の緩慢さに引き寄せられてハルビン周辺にやってきた。

日本とロシアのせめぎ合いのなかで、一八九六年には中東鉄道（東清鉄道）の敷設権がロシアに渡り、ロシアによる当地の開発が開始されたが、第三章で言及したヴィッテは財相として一九〇二年に満州を視察した際、貧弱なロシア人入植地に衝撃を受け、商人や退役軍人だけを入植させるように進言した。彼とその後継者はユダヤ人をはじめとする少数民族の商業に関する慧眼に鑑み、彼らの入植を奨励していく。

ユダヤ人は一九〇三年に自らの共同体の「委員会」を設置した。一九二二年までにハルビンの全人口四八万五〇〇〇人のうち三〇万人が中国人、一二万人がロシア人、三万四〇〇〇人が朝鮮人、五〇〇〇人が日本人で、ユダヤ人は三%を占めるにすぎなかったが、ビジネスや公共部門では重要な役割を果たしていた（Shichman-Bowman 1999）。

一九一七年の二月革命後の四月三〇日に開催された暫定的なユダヤ人の委員会は三一名のメンバーからなり、そのうち一三人がシオニスト、四人が正統派（伝統的ユダヤ教）、二人がブンディスト（ユダヤ人社会主義組織ブンドの成員）、一二人が無党派だった。この時点でシベリアと同様にシオニストが傑出していたことがわかる（Bresler 1999, p. 203. ハルビンのユダヤ社会については、Romanova 2001 も参照）。

『シビル・パレスチナ』

『シビル・パレスチナ』のスタンス

『シビル・パレスチナ』の基本的な方向性は、

その名が示すようにシベリアないし極東とパレスチナを取り結ぶことにあったが、ここで注目したいのは、どのように結ぶのか、そしてそれが何を含意していたのかということである。

この点を読み解く際にヒントになるのは、毎号のマストヘッドに、ロシア語が読めない現地の役人等を意識してか英語で書かれている題辞である。「パレスチナに関する移民や商機、一般情報に関して極東で関心を持つ者を啓蒙することを目的とした週刊誌」――これは何を意味するのだろうか。

まず、シオニスト運動は、帝政時代から、パレスチナ入植を目的とする限りで、つまり国内問題に関わらない範囲で活動を認められていた。英語でこのように書いたのは、ハルビンのシオニズムもパレスチナにしか関心がないと示すことに意味があったからだと考えられる。[3]

しかし、これはハルビンのシオニズムに関しては、ある程度実態を反映してもいた。

何よりも、明らかにロシアそのものに対する彼らの関心は低下していた。ロシアのユダヤ人の状況についての報告はある程度掲載されたが、ロシアの政治状況や経済状況については、ほとんど記述がない。

同誌の趣旨が説明されている第一号の巻頭記事では、目的として、「孤立し離れたところにいる極東のユダヤ人を世界の他の場所のユダヤ人と結ぶこと」、および「パレスチナのユダヤ人の暮らしとパレスチナで沸き起こっている〔…〕創造的な活動を完全に、また全面的に反映すること」とある。

一方、白軍のデニーキン将軍体制下のポグロムを、ポーランドの虐殺事件と並べてユダヤ人の苦悩の元凶に挙げ、そうした状況に物理的な安心を与えられる唯一の権力は現状ではソヴィエト政権に限られると指摘している。つまり、同誌はもはや白軍を支持していない。

もっとも、ソヴィエト・ロシアの政策は、資本主義経済における仲介人としてのユダヤ人の役割を破壊するものであり、ユダヤ人にとっては厳しいものであることも同時に指摘している。そして、こうした「ガルート（追放）」の苦境への闘いとユダヤ的パレスチナの復興は軌を一にすると訴えて、この巻頭記事は結ばれている（*Sibir'-Palestina*, 1, 1920, pp. 3-4)。

このように、パレスチナでのユダヤ人国家、とりわけユダヤ人入植地建設支援の重要性とその成果を訴えかけることが同誌の基調となった。

これはシオニズムとしては至極当然のように思われるかもしれないが、イルクーツク時代の観点から振り返ってみると、少し別の側面が見えてくる。

まず、パレスチナにユダヤ人の中心ができれば、ディアスポラのユダヤ人も正常化に向かうという想定は帝政時代からあまり変わっていない。つまり、自分自身はあまり移民する気がないのである。

さらにイルクーツク時代と共通するのは、他地域のユダヤ人を支援することに意義を見出している点である。

ある巻頭記事は、「もしパレスチナがすべてのディアスポラへの光としての役割を担うなら、今この瞬間はパレスチナを復興させなければならない」と説いている（*Sibir'-Palestina*, 7, 1920, p. 4)。パレスチナとのつながりを通して世界のユダヤ人とつながることを訴える記事も散見される（*Sibir'-Palestina*, 1, 1921, pp. 3-4)。

また、シベリア・ユダヤ人が、目まぐるしく変化している最中にあるユダヤ人の流れから遅れをとってはならないと鼓舞する巻頭記事もあり、それによると、シベリア・ユダヤ人はユダヤ世界の中心から離れて分散し、タイガやツンドラに置き去りにされて、極度に同化の度合いを深めながらも、民族的理想を捨てなかったことを誇っている。しかしその一方で、目下厳しい状況に置かれつつ民族活動に情熱を注ぐポーランドやウクライナのユダヤ人とは違って、恵まれた状況に置かれているためにこの歴史的瞬間に参加することの価値を理解していないのだという（*Sibir'-Palestina*, 8, 1920, pp. 3-4)。

パレスチナ入植支援のあり方

ではいかにしてパレスチナ入植を支援するのか。

人材の派遣をある程度目指した形跡はうかがえる。例えば、一九二一年四月には、上海から旅立った極東からの最初のハルツィーム（シオニスト開拓者）について誇らしく言及する記事が出ている（Kaufman 1921a)。

だが、その記事は、むしろこの時期に活性化した「シェケル」というシオニスト運動のために寄付金を集めるキャンペーンに埋没している感がある。

当時、シオニスト運動全体のなかで、「ケレン・ハイソド（基盤基金）」というシオニスト機構の財政を一手に担う基金が本格的に始動していた。超党派的な、ユダヤ民族全体の「自発的な税金」としてこの基金への寄付を捉え、協力を訴える記事が同誌には多く載せられている（Kaufman 1921b)。

パレスチナの状況に関するノヴァメイスキーの報告も、パレスチナの政治状況は良好だが、金銭的な欠乏に苦しんでいるというものである（*Sibir'-Palestina*, 10, 1920, p. 7)。また別の記事は、東欧のユダヤ人が人種憎悪だけでなく、貧困にも苦しめられていると伝えている（*Sibir'-Palestina*, 10, 1920, p.

11. この記事は上海で刊行されていたシオニストの英語紙『イスラエル・メッセンジャー』からの転載である)。

資本主義シオニズム?

そして、パレスチナ・ユダヤ社会の発展に必要なものとして頻繁に言及されていたのが「(民族)資本」だった。

一九二〇年一二月二九日に開かれた極東パレスチナ会議(シオニストの会議)では、パレスチナの国を「復興」させ、ユダヤ人のパレスチナを創り出すという現在の世界に生きるユダヤ人の課題を達成するためには、労働の動員とともに資本の動員が不可欠である、と提起された(*Sibir'-Palestina*, 4-5, 1921, p. 16)。

ここで注意すべきは、資本を投下して異民族である先住民を労働力として活用(搾取)して利潤を生むという方向で議論がなされたわけではないことである。むしろ、ユダヤ人に範囲を限定して資本投下する、つまり労働力を含めてすべてユダヤ人でまかなえるように支援することが強調されているのだ。

それはシオニズム史学ではおなじみの「労働の征服」というスローガンに関係する。「労働の征服」とは、パレスチナを耕した者のみがパレスチナの所有権を主張できるという原則に基づいて、安価なアラブ人の労働を排してユダヤ人の雇用を促進することを目的とした標語である。主として社会主義シオニスト(労働シオニスト)が掲げ、アラブ人と比べて給与水準の高い自分たちを雇いたがらないユダヤ人農場経営者を批判する際に用いられた。つまり、この標語は労働者視点のものである。

それに対して、『シビル・パレスチナ』では、「パレスチナ入植の社会経済的基礎」と題して先のケレン・ハイソドに触れながら、どちらかといえば資本家の立場でこの点が論じられている。資本主義社会と人々の搾取という矛盾に基づくパレスチナ開発は、ユダヤ民族が正常な労働生活と、社会正義や調和に基づいた自由な社会性を手に入れる可能性を奪うことになる、とその記事は警鐘を鳴らし、資本家でありながら、労使関係に、労働者寄りの立場から注意を促すのである（Klin 1921a）。

前章でも言及したように、一九二一年五月初めにパレスチナで暴動が発生した。

それをめぐって『シビル・パレスチナ』でもアラブ人に関する記事が増えるが、そうした文脈でもパレスチナへの資本投下が論じられている。

例えば、シオニスト機構の極東地域局の報告は、この暴動を無知なアラブ人が狂信者に先導されたことで発生したとまとめ、世界中のユダヤ人は、今やユダヤ人がパレスチナで多数派になることによってのみ、そこでの安定と平和を享受できることを理解した、と論じている。

もっとも結論としては、パレスチナへの早急な資本と人材の移設が必要だが、人材は数としてはすでに十分あるので、資本のみが不足している、と訴えている[4]（*Sibir'-Palestina*, 26 (1921.7.10), p. 15)。東欧から受け入れる貧しいユダヤ人の職を作り出すためということだろう。

このように、遠く離れたパレスチナ・ユダヤ社会に経済的に貢献することを通じて、パレスチナや世界のユダヤ人とのネットワークを維持するばかりか発展させることで、ハルビンに居ながらにしてユダヤ人としての意識を持ち続けることを彼らは目指したのである。

3　シベリアとシオンの結節点

ユダヤ的側面の細分化

ロシア帝国時代のシベリア・ユダヤ人は、前章までに見てきた帝国西部のユダヤ人と同様に、自らのなかでユダヤ的側面とロシア的ないしシベリア的側面を相補的に共存させていた。それゆえ、ボリシェヴィキによってそれが崩れようとしたときも、白軍の側でそうした自己が保たれる場の再建を待ち望んだ。

だが白軍は敗れ、彼らが前提としていたロシアの秩序は崩壊した。ハルビンに落ち着いた彼らは、ロシアとのつながりを減じていく。

確かに彼らはロシア語を使い続け、ロシア人がマジョリティだったハルビンでも、ロシア語世界に暮らし続けてはいた。だが、彼らの自己のなかでロシア本国とのつながりは意味を持たなくなったのである。

にもかかわらず、彼ら自身は、ハルビンのユダヤ人として孤立していったわけではない。彼らはロシア的なものと持ちつ持たれつの関係を結ぶ代わりに、ユダヤ世界のなかで持ちつ持たれつの関係を結んでいった。つまり、彼らのユダヤ的側面は、ロシア的側面から切り離された後に「細胞分裂」していき、各「細胞」が持ちつ持たれつの関係を結び始めたのである。

具体的には、特にハルビンのユダヤ人という側面とシオニスト（世界のユダヤ人）としての側面に彼らのユダヤ的側面は分割された。それぞれが相補的につながっていったが、それはユダヤ世界で自己完結しているため、傍からは、ユダヤ人として周囲から孤立しているように見えただろう。こうした込み入った点について、以下でさらに説明していこう。

「極東ユダヤ人」としてのユダヤ世界とのつながり

シベリア出身の極東シオニストは、すでにシベリア時代の終盤には築きつつあった他地域のユダヤ人とのつながりを強く意識していくようになる。それは主に二方向で見られた。

一つはシオニストとしてのパレスチナのユダヤ人社会とのつながり、もう一つは依然として東欧でポグロムに苦しんでいた同胞である。極東のシオニストは、ポグロムに苦しむ同胞を救うためにも、彼らの避難先であるパレスチナを発展させるという目標を立てた。彼らにとって、すべてはシオニズムに収斂していく。

興味深いのは、あくまでもハルビンのユダヤ人の側から資金援助するという、与える側に回るためのつながりを彼らが求めたことであり、つまりは経済的利益を狙ったものではあまりなかったということである。純粋に経済的な利益を求めるための投資先としては、パレスチナはまだリスクが高すぎたのだろう。

彼らが見出したメリットは、彼らの存在や行動が世界のユダヤ人の役に立っているのを実感したいというきわめて精神的なものであり、そのためにかなりの額を拠出していた。別の系統のユダヤ人が主だったと見られる上海のシオニストも含むデータではあるが、中国在住のシオニストは、人口規模に比して拠出額の点での貢献が大きかったとされる（Katz 2010）。

『シビル・パレスチナ』に掲載された「二つの犠牲」と題された記事は、「二つの世界」、すなわちユダヤ人の血、苦悩、そして退廃の世界と、完全に満足したブルジョワの世界があると指摘する。シオニスト開拓者のパレスチナでの自己犠牲を讃えつつ、この記事はユダヤ資本のパレスチナへの投下、特に個人ではなく、ケレン・ハイソドを介した資本投下を呼びかけている（Klin 1921b）。

また、「シオニスト機構極東地域局」名で、同誌には次のような呼びかけが載っている。「極東のユダヤ人は、ロシア全体のユダヤ人と比べて比較的良好な状況にあり、我々の呼びかけに応じて、この非常に喫緊の民族的大義に参加しなければならない」（Dal'nevostochnoe Raionnoe Biuro Sionistskoi Organizatsii 1921）。

ロシア・ユダヤ人の一部として、ポグロム被害者の支援も引き続き重要性を持った。それに関連したテーマの記事やポグロムに関する報道は、内戦の最後の時期である一九二二年に増えていく。

例えば同年一月のある号では、大きな文字で「ユダヤ人同胞！」と題した呼びかけがなされている。

ウクライナやベラルーシにおける何十万人ものユダヤ人の孤児やポグロムの被害者は、野蛮な運命の気まぐれのなかで、無力なまま飢え、怪我を負い、打ち棄てられている。〔…〕我々の支援のすべてを！　我々の良心を果たそう！　我々の民族的義務を果たそう！（*Sibir'-Palestina*, 3, 1922, p. 15)

別の号でも、「ロシアにいるあなたの親戚の支援を！」という呼びかけがなされており（*Sibir'-Palestina*, 8, 1922, p. 16)、極東ユダヤ人からの寄付がポグロム後に孤児に食堂を提供することになったことへの言及も多く見られる。ある報告によると、ウクライナの諸都市で、二〇〇〇テーブルが孤児に提供されたという[5]（ibid., p. 17)。

ポグロム被害者の支援とパレスチナの開発については、同じ流れのなかで論じられた。「パレスチナ労働基金からの極東のユダヤ人への呼びかけ」と題された記事では、「パレスチナの失われた同志、またウクライナやリトアニア、ポーランドで苦しみ、瀕死の状態にあるユダヤ人大衆の名の下に、犠牲を払うよう求む」とある（"Vozzvanie o Palestinskom Rabochem Fonde", *Sibir'-Palestina*, 25, 1921, p. 16)。

また次のような呼びかけもある。「あなたの兄弟姉妹をガルートと奴隷の恥辱から、物理的、精神的な消滅から救え」（Izgur. 1922)。ここで想定されているのは、同胞を救う本人はパレスチナには移民せず、あくまでも移民のパトロンとしてとどまるということである。カウフマンは、ディアスポラのどのユダヤ共同体も、パレスチナ委員会を保持し、パレスチナとディアスポラそれぞれでの活動は有機的に連携すべきだと説いている（Kaufman 1921c)。

近くの同胞より遠くの同胞

この時期の『シビル・パレスチナ』では、ハルビンのユダヤ共同体の財政危機がしきりに報じられた。もっとも、共同体の成員が貧しかったのではなく、自治会費のようなものの納付率が低かったということである（例えば、『シビル・パレスチナ』の一九二二年の号のハルビン・ユダヤ社会に関するコーナーでは毎回財政危機の問題が報じられている）。

ハルビン社会で比較的安定した生活を営んでいた彼らにあって、文字通りの共同体としてはハルビンのユダヤ人社会のほうが重要だったはずだ。だが、そのハルビンのユダヤ共同体が「ユダヤ」共同体であるためには、ハルビンで孤立するわけにはいかなかった。

だからこそ彼らは遠く離れたシオンに結実するつながりを求めた。彼らの理解では、それは相補的なものであり、彼らの支援によってパレスチナや東欧のユダヤ人は助かり、発展を遂げる。それは同時に自らがユダヤ世界に貢献した証左となり、そうしてユダヤ世界のなかで自らの存在価値を見出すことができることになる。

これはある意味で、第二章でノルダウが観察していたゲットーのなかでのユダヤ人の自己成就、つまり他のユダヤ人に認められることで自尊心を得るというものに似た構造である。ゲットーの場合と異なるのは、認めてほしいユダヤ人が遠くに住んでいることだった。

こうして極東のロシア・ユダヤ人としての誇りを持つにいたった彼らは、他地域のユダヤ人を批判することもあった。

例えば、ヨーロッパ地域のロシア・シオニストにも見られることだが、彼らは時にアメリカ・シオニストとの意見の違いを意識した。ある巻頭記事は次のように対比している。アメリカ・シオニストはパレスチナを工業化し、そのために投資することを重視しているが、他のシオニスト（ロシア・シオニストを含む）は労働者もユダヤ人から構成される経済全体を発展させることがシオニストのプロジェクトの鍵を握っていると考えている（*Sibir' Palestina*, 11, 1920, pp. 3-4）――。つまり、ビジネスライクなアメリカ・シオニストはパレスチナ地域の経済的指標にしか関心がないが、自分たちはユダヤ人全体の底上げを目指している、というわけである。

またある記事は、アメリカ・シオニストが個人での起業や企画を、民族的・社会的な起業や企画より優先していることを批判し（Tsukerman 1921. 同記事はパスマニクの関連で言及したロンドンのイディッシュ語紙『ディ・ツァイト』からの転載である）、また別の記事は、アメリカ・シオニストのビジネスライクなアプローチを批判して、「道徳性」の重要性を強調する（Budnevich 1921）。前記の「二つの犠牲」という記事でも、アメリカの「ブルジョワ・ユダヤ人」は批判されている。

結節点としての役割

シベリア・極東のシオニストがロシア語で書き続けたこと、あるいは極東に残り続けた理由として、ロシア語が第一言語だったことや生活の基盤があったこと、また極東に激しい反ユダヤ主義がなかったことはもちろん指摘できるだろう。そして、先ほどからの議論で明らかになったのは、遠くの同胞支援を通してハルビンにいながらユダヤ人意識を持ち、さらにはユダヤ世界の「極東支部長」としての誇りを持ったということである。

だがもう一つ理由がある。それは、シベリアに残ったユダヤ人同胞のためにも、ロシア語世界の一端に残る必要があったということである。

一九二〇年一二月に極東パレスチナ会議がハルビンで開催され、その議事録が『シビル・パレスチナ』に掲載されている。その序文には次のような記述がある。「はからずも極東のユダヤ人は、現時点では自らのパレスチナへの意志を示すことができないシベリア・ユダヤ人のアヴァンギャルドになった」(“Palestinskoe Soveshchanie Dal'nego Vostoka”, *Sibir'-Palestina*, 4-5, 1921, p. 17)。つまり、シベリア・ユダヤ人の最前線が極東ハルビンのユダヤ人だというのである。

同誌には、読者から寄せられた手紙がしばしば掲載され、そこにはシベリアからのものも含まれている。シベリアの中心都市の一つオムスクからの手紙には、「ちょうど二年間、私たちはシオニストの生活から完全に分断され、私たちのところに届く『シビル・パレスチナ』だけのおかげで、ユダヤ世界で何が起きているのかについて、すぐに知るところとなりました」(“Pis'ma iz Sibiri”, *Sibir'-Palestina*, 26, 1922, p. 20) という言葉がみえる。

シベリアの中都市トムスクからの手紙も、ユダヤ人の中心やシオニスト活動に関する様々な情報から疎遠になったが、同誌が自分たちにとってほぼ唯一のシオニストの情報源になっていると感謝を示している。また、経済的苦境のなかで、ユダヤ人同胞は、パレスチナでの出来事やニュースに感激し、パレスチナに移民するのを夢見ているという (“Pis'ma iz Tomska”, *Sibir'-Palestina*, 33, 1922, p. 19)。

同誌の一〇〇号記念号にはノヴォメイスキーとエヴゼロフの写真が掲載され、編集長のカウフマンは「特別に心が喜ぶ感覚をもって、我々はロシアのユダヤ世界から疎遠になった者にとってのこの雑誌の意義を特筆する」と書いた。ロシア中から送られてきた手紙に言及しながら、彼は西シベリアの活動家から送られてきたばかりの手紙を引用する。

私たちは『シビル・パレスチナ』を三号受け取りました。それはとても嬉しいことで、ほとんど事件でした。四、五ヵ月以上、私たちはパレスチナのことを知りませんでした。心を込めて、私たちの市に少なくとも一〇部を送っていただくことができるかどうかお伺いします。あなたが大変な状況のなかでお仕事されていることは承知しています。お金も人も、そのほかいろいろ不足しているのでしょう。それでも、この雑誌をやめたりせず、あらゆる手段を使ってでも出版を続けてください。これは私たちが今することができ、またしなければならない、とても重要で最も価値あることです。貴誌は、積極的に〔シオニズムの〕活動をすることが今できない者を精神的に、また理想的につなぐことができる唯一のものです。「シビル・パレスチナ」という題を持った青い表紙を見ることで、私たちの「社会的」空気は刷新され、世界全体から孤立した小さな仲間内から私たちを連れ出してくれ、呼吸し始めることが容易になります。私たちにとって、貴誌はとても身近で貴重なものです。(Dr. K. 1922)

カウフマンは、シオンとシベリアのあいだに立つ役回りに手応えを感じていた。

4　地方アイデンティティとユダヤ世界での自己完結

遠隔地ナショナリズム?

こうしたあり方は、ナショナリズム研究の泰斗ベネディクト・アンダーソンの「遠隔地ナショナリズム」論を想起させるかもしれない。

アンダーソンは、アメリカからアイルランド共和国軍（ＩＲＡ）を支援するアイルランド民族主義者や、ユーゴ紛争でクロアチア人指導者が資源を調達する先として存在する各地に散らばるクロアチア人を「遠隔地ナショナリスト」と呼ぶ（アンダーソン 一九九三）。

だがアンダーソンはそのメカニズムには踏み込んでおらず、同胞に対する愛着や責任といった一面的な共同体の延長線上にあるものを想定しているように見える。

しかし、すでに述べたように、漠然とした同胞意識という以上に複雑かつ具体的な形で極東のシオニストは自らと他のユダヤ人の関係を位置づけていた。

地方アイデンティティ

アンダーソンに関していえば、むしろ古典中の古典である『想像の共同体』のなかで初期のスペイン領アメリカ・ナショナリズムに言及する箇所に登場する「地方性（provinciality）」の概念のほうが有効かもしれない。アンダーソンによると、一八世紀の終わりにかけて発達したスペイン領アメリカ誌は、自らの地域と同じような地域における地方民〔provincials〕を大いに意識して書かれた。メキシコシティやブエノスアイレス、ボゴタの新聞読者は互いの新聞は読んでいなくても、互いの存在を非常によく意識していた。かくして初期のスペイン領アメリカ・ナショナリズムではおなじみの、交互に行き交う壮大な広がりと特殊主義的な地方主義の二重性が成立した。

「壮大な広がり」とは、ユダヤ人の例で言えば世界中のユダヤ人を意識するということであり、「特殊主義的な地方主義」とは、極東のユダヤ人としての意識を持つということである。カウフマンらは、確かにその二つの意識を同時に持っていた。

もっとも、北米のアメリカ・ナショナリズムとは異なり、スペイン領のほうは、この「交互に行き交う壮大な広がり」の一体感が十分に醸成されなかったために失敗に終わった、とアンダーソンは記している（以上、Anderson 2006, pp. 62-63／一〇八―一〇九頁。邦訳も参照したが、引用箇所は独自に訳出した）。

しかし、極東シオニストのケースでは、ユダヤ世界としての一体感と、ロシア語世界の、あるいは極東のユダヤ人としての意識の二重性（多重性）は、相互に補完し合いながら継続したのである。

内部の差異に基づくダイナミクス

この二重性は、結果としてシオニスト運動がディアスポラのユダヤ人から支援を得るためのメカニズムになったともいえる。

極東から支援を行うことでパレスチナのユダヤ社会が発展する姿を眺め、それをロシア語で伝えることによってシベリアのユダヤ人が歓喜するのを知り、自らがユダヤ・ネットワークの一角を占めて、特定の役割を果たしていることを自覚する。シオニストにとってのそのような好循環が生まれていたのだ。

それは、ロシアとユダヤの相補関係の深化が、ロシア帝国の一体性を後押ししながら、ユダヤ・ナショナリズムも同時に推進したことと形としては同じようなものである。

だが、帝政期の異民族同士のそうしたつながりが、曲がりなりにも民族間の融和（同化ではなく）も促進したのに対して、極東シオニストに見られるユダヤ世界内部での相補関係は、ユダヤ人同士の結束を高める一方で、非ユダヤ人との有機的な（懐に入り込んだ）つながりは低下させた。

個人として見れば、極東シオニストは、狭い意味での自己に閉じず、異なる側面を自己のなかに有機的に共存させるという、リベラリスト的あり方を続けていたといえる。ロシア的側面にかわって、シオンにつながるユダヤ人ないし世界のユダヤ人としての側面が組み込まれた以上、引き続き、自己完結する自己ではなく、他人とつながることで成立する自己を持ち続けていたということはできる。

だがマクロに見た場合、つまり、そうしたタイプのユダヤ人が増えた場合、それはユダヤ民族という単位の凝集性が高まることを意味する。個人としての生き方（他人とのつきあい方）が根本的に変わったわけではなくても、「ユダヤ人対アラブ人」という全面対決に至る構図は、このような経路でも強化されることになる。

もちろんそれはユダヤ人が気まぐれでそのように嗜好を変えたということではない。それはロシアとのつながりが、彼らが制御できないところで失われたことの一つの帰結だった。

こうしたあり方は、今日のアメリカのシオニストについて考える際にも示唆的である。アメリカのシオニストは、一般に、アメリカのユダヤ人としての誇りを持っている。場合によっては、放っておいてもユダヤ人であり続けられるイスラエルのユダヤ人よりも、ユダヤ人が少数派である環境下で努力してユダヤ人であり続ける自らのほうがユダヤ人として高潔であるとさえ思っている。

しかし、彼らのユダヤ性は、イスラエルを支援することによって強化されている。彼らのなかには、パレスチナ人への抑圧やイスラエルの非民主主義的な側面を危惧する者もいるが、手放しでイスラエルを擁護する者も少なくない。その結果、傍からは、「ユダヤ民族」として強い結束を持っているように見えてしまうのである。

＊

シベリアのユダヤ人は、元来シベリアのロシア社会に溶け込み、他の集団とうまくやっていくことで比較的平穏な生活を続けていた。異なるものと共存すること自体は、彼らの十八番だったといえる。

だが、その基盤を提供していたロシア帝国は崩壊してしまった。その一方で、旧ロシア帝国西部のユダヤ人の状況は深刻化し、パレスチナのシオニスト社会は徐々に発展していった。それぞれ、シベリア出身のユダヤ人にとっては実質的には遠い話であり、「異なるもの」だったはずだ。シベリア時代に続けていた異なるものとの共存という彼らのスタイルは、今度はこうしたものとのつながりを持つ方向で更新されたのである。

それは結果として「ユダヤ民族」という単位の強化、またパレスチナでのシオニスト事業の促進につながった。パレスチナでは多民族共存とは逆方向を向くことになるシオニズムが、もともとは多民族共存の方向性を持っていたスタイルによって強化されたというのは、歴史の皮肉というほかない。

終　章

多面的な個が
民族にまとまるとき

特定の他者とともにあるあり方から、自己の民族的側面を一本化し、それを囲う壁を強化していくことで自己の生存をはかるあり方への変化。そして、その結果として明確化した「民族」という概念に沿った自集団と他集団の排他的な線引き。本書で追ってきたのは、イスラエルとして結実していくそれらの変化を生み出した「内なる国際関係」の動態である。

類型

総括の手始めとして、第一章で提示した分類に従って、ロシア・ユダヤ人の軌跡を改めて整理してみよう。

ロシア・ユダヤ人、特にリベラリストとシオニストは、ユダヤ人としての側面とロシア人としての側面をある程度区別していたため、主として相補型か矛盾型、あるいは中間的な併存型のいずれかに分類される。

ヴィナヴェルらリベラリストの自己において、ユダヤ人としての側面はロシア人としての側面と相補関係にあった。西欧知や法、経済に長《た》けていたユダヤ人としての側面は、そうした要素を求めるロシアやそのことを理解するロシア人とうまく合致しているように思われた。

こうした側面間の関係性がある限りは、ロシア社会とのつながりを持つほどユダヤ人としての意識も高まり、ユダヤ人としての意識が高まるほど、それが輝くはずの、ロシアという舞台を磨いていく動機も同時に強まっていく。

エスニシティやナショナリズムに関する従来の研究では、民族意識はゼロサム的に捉えられることが通例だった。つまり、ユダヤ人意識が高まるのは、ロシア社会のなかで疎外感を持つときであり、それはすなわちロシア人としての意識が低下するときである。逆に、ロシア人意識が高まるのは、ユダヤ人とのつながりが薄くなってユダヤ人意識が低下するときである——というような想定である。

だが、ロシア・ユダヤ人のリベラリストは、まったく別のメカニズムを持っていた。ユダヤ人としての意識が、ロシアをよくしようという動機の源泉となり、ロシア人としての意識が、ユダヤ人としてそれに貢献することを後押しした。だからこそ、西欧に亡命して、ツァーリや多数派のロシア人の顔色をうかがう必要がなくなったあとも、彼らは「ロシア・ユダヤ人」としてのアイデンティティを保ち続けたのである。

一方、シオニストであるパスマニクの場合、最後までロシアと決別することなく、相補関係を彼なりに見出していた点で相補型に分類されるが、ヴィナヴェルらリベラリストに比べるとユダヤ的側面とロシア的側面の距離は開いていた。

第一章の表1に当てはめるなら、相補型の象限のなかで、ヴィナヴェルは融合型に近い位置にあるのに対して、パスマニクはそこから離れた位置にあるといえるだろう。リベラリストは、民族として孤立するのを慎重に避けようとしていたため、あえて民族として線引きすることには積極的ではなかった。

それに対してパスマニクは、ユダヤ人という集団が、民族としてある程度自律的に動いていくイメージを持っていたため、ユダヤ人とロシアが同盟関係を組むような形を想定していた。ただし、少なくともパスマニク自身は、ユダヤ人の利益を第一に考えて実利的にロシアを選ぶというドライな形ではなく、ユダヤ人のパートナーとしてロシアに惚れ込んでいたといったほうが実情に近い。

しかし、ロシア・シオニズムは、方向性としては、ロシア帝国の存在を前提としながらも、民族という概念を強調するなかで、複数の民族的な側面が共存する自己という状態から、ユダヤ的側面が一歩前に出る状態を推し進めたことは確かである。それは、つながりよりも自衛を先に考えるリアリスト的なあり方の萌芽となる。

そうしたなか、ユダヤ的側面にとっての状況が悪化していくと、シェヒトマンやジャボティンスキーら若手のシオニストは、ユダヤ的側面とロシア的側面の親和性をほとんど見出せなくなり、むしろユダヤを苦しめるものとしてロシアを捉えるようになった。両者に矛盾関係が見出されたとき、ユダヤ的側面への一本化はさらに進行し、革命によってロシアに物理的にとどまる理由もなくなった彼らは、ロシア語では書き続けたものの、ロシア社会との関係は切れていった。

ここで注目すべきは、彼らシオニストは、代わりに別の民族的側面（例えば移住先のドイツなど）を内面化することもなかったし、パレスチナの土着的なものを取り入れる気もなかったということだ。つまり、彼らの自己のなかで、民族的なものはユダヤ的なものに一本化されたままで、それが既定路線となった。異なる側面と相補的につながることで生きていくというあり方にはここで終止符が打たれ、自衛することで民族を生存させる方法がとられることになる。

シベリア・極東シオニストはまた別の局面を持っていた。彼らのなかで、当初はユダヤ的側面とロシア的側面は相補的につながっていたが、内戦終結後にそうしたあり方がかなり解消されてしまったのである。

だが、彼らの自己がユダヤ的側面一辺倒になったのかといえば、つぶさに観察するなら、ユダヤ的側面が「細胞分裂」していったともいえる。つまり、極東のユダヤ人としての側面と、シオニストとしての側面の二つが特に意識されるようになって、それらが相補的に結びつき、共振してユダヤ人としての意識を高めていった。

パレスチナにつながっていくユダヤ人を支援する活動は、彼らがユダヤ人であることに具体的な意味を与え、極東というユダヤ世界の辺境でもユダヤ人であるための根拠となった。また、シベリアに残されたユダヤ人を含め、周辺地域に残っていたユダヤ人とユダヤ人口の中心をつなぐ役割を担うことは、ユダヤ世界のなかで極東に居続けることにさらに意味を与えた。これらの相互に区別された側面は、共振することで彼らのユダヤ的側面全体に活力を与えることになる。

もっとも、傍から見れば、それは単にユダヤ人としての活動を行っているにすぎず、ユダヤ人として孤立していることになる。彼らはハルビンではロシア人とも日常生活や仕事でつながりがあったし、ロシア語を使い続けていたが、そうした場面でのロシア人ないしハルビンのロシア語圏の住民としての側面は、彼らのユダヤ人としての側面に特に意味を与えるものではなかっただろう。

修正主義シオニスト、極東シオニストいずれの場合でも、結果的には「民族」という概念に沿って自集団と他集団は明確化していったのである。

もちろん、そのすべてが軍事主義につながったわけではない。事実、シベリア出身のノヴォメイスキーは、経理担当としてシオニストの軍隊「ハガナ」に関わったりはしていたものの、死海沿岸の自社でアラブ人も雇いながら、それなりにアラブ人との共生を模索した[1]（*Encyclopaedia Judaica*, 2nd ed.,

Vol. 15, Detroit : Macmillan Reference USA, 2007, p. 322)。

変化の背景

シオニストが自己の民族的側面を一本化する方向に歩み出し、さらにはその点を徹底することになった背景について、本書が特に注目したのは次の三点だった。

第一に、ロシアにおけるユダヤ人の「得意分野」の縮小である。リベラリストは最後までロシア経済でユダヤ人が果たす役割の重要性を説いたが、パスマニクが分析したように、ユダヤ人にとって有利な状況が急激に失われつつあったのは確かだ。

もちろんこの点は、側面の一本化に必ずしもつながるわけではないが、有機的につながっていたロシア的側面との距離が生じる契機、あるいはリベラリストの議論に説得力がなくなっていく要因にはなりえただろう（その結果、社会主義に向かう場合も当然ある）。

第二に、ポーランド・ナショナリズムの動向は、様々な形で自己のなかでの民族的側面の捉え方に影響を与えたと思われる。もちろん、一方でそれはロシア・ユダヤ人にとってのロシア国家の重要性を印象づけたので、むしろロシア的側面とつながる契機になる場合もある。

しかし他方で、ユダヤ人に同化を迫ったり、そうでなければ排除したりするポーランド・ナショナリズムの伸張は、ユダヤ人の周辺で、一民族で閉じるあり方が新たな潮流として動き出していることもまた印象づけた。事実ポーランドでは、特に選挙戦を通じて、それはユダヤ人自身に襲いかかるようになる。

そして第三に、ポグロムがやはり大きな影を落としている。それはまず、ロシアに対する不信感を増大させた。もちろん、パスマニクやリベラリストのように、だからこそ強力な国家機構の安定を望む場合もあったので、一概にはいえないが、少なくともロシアとのつながりにもとより懐疑的だったユダヤ人をさらに遠ざけたことは間違いない。

本書はポグロムの影響を、一般に捉えられるようなこうしたレベルよりさらに細かいレベルでも分析してきた。つまり、災難としてのポグロムからの避難や漠然とした他民族への不信感という形だけでシオニズムの発生を捉えるのではなく、シオニストがポグロムをめぐる民族間関係をどのように観察し、それが新たな居住先での民族関係／国際関係にいかに影響したのかを検証した。

ポグロムの経験によって、ロシア・シオニストは「東洋」の特質を持つように見えた人々（アラブ人、あるいは特にそのなかの特定の層や集団）に対する警戒心をおそらく強め、それとともに、当局がそれを抑えることができるかどうかを注視するようになった。抑えることができない当局は、ロシア政府と同様、ユダヤ人にとっては役に立たない存在として認識されたのである。

一本化の帰結

では、側面の一本化の結果としてとられるようになったリアリスト的な生存戦略や世界観は、具体的にはどのような帰結をもたらしたのか。

まずは、シオニスト右派の創始者として名高いジャボティンスキーについて確認しておこう。

実はジャボティンスキーは早くから民族的側面の一本化への傾向を強めていた。

ある研究によると、彼はジャーナリストとしてのキャリアの初期、すなわち一九世紀終わりから二〇世紀初頭にかけては、自由主義的で、さらにはコスモポリタン的でさえあった（Stanislawski 2001, Chs. 6-9）。

だが、シオニスト運動の若手の筆頭として頭角を現すようになると、第四章終盤で確認したように、ユダヤ人と別の民族が混ざることに対して否定的になっていく。

ジャボティンスキーの場合、右に挙げた三点の理由以外にも、当時のヨーロッパに固有の合理主義的な人種主義を内面化していたからこその理由もあったようである。

そのことを指摘した研究によると、シオニズムに目覚めたジャボティンスキーは、ユダヤ人の血の純潔性という概念を重視するようになった。周囲への同化が完了しないのはユダヤ人の血ゆえであり、あえて混ぜることには無理が生じると考えたわけである。彼は様々な民族が混交したロシア帝国の秩序に対して、国民国家的な、ポスト帝国的な秩序を思い描いていたのだという。

これに対応する発言は、ロシア人のリベラリストからも発せられることがあった。リベラリスト右派の代表的人物として知られるピョートル・ストルーヴェは、二〇世紀に入ると、ロシアのインテリゲンツィアは自らの民族性に自覚的であるべきであり、他民族を排除しようとする欲求は正当化されると主張するようになる。

ストルーヴェによると、それまでロシア・インテリゲンツィアはユダヤ人を自らの陣営に属する者と考えてきた。そう考えるのは、ユダヤ人がユダヤ人にとどまりながらロシア・インテリゲンツィアの役割を果たしてきた以上、無理からぬことだとしながらも、だからこそユダヤ人は排除すべきだと彼は示唆したのである。

ジャボティンスキーはストルーヴェのこの議論に理解さえ示し、それを民族的「本能」によるものとした。ジャボティンスキーは、アメリカで白人が黒人の存在を許容できないのはそのためである、とさえ論じている（Mogilner 2019）（一方、ヴィナヴェルはストルーヴェのこの議論を民族平等の原則にもとるとして批判した（Horowitz 2013, pp. 47-48））。

いずれにしても、自己のなかで民族的側面を一本化すべきだと考えたジャボティンスキーは、第一次大戦が始まると、ユダヤ人が武装することをいち早く提起する。

大戦中、世界シオニスト機構は中立の立場を取った。メンバーのなかには、ユダヤ人を迫害するツァーリのロシアよりも文化的なドイツに親近感を持ち、その同盟国で当時パレスチナを統治していたオスマン帝国を刺激するのを避けようとする者も少なくなかった。

それに対してジャボティンスキーは、一九一四年暮れのパレスチナでオスマン政府が何百人ものユダヤ人の若者を追放したのを耳にして、連合国側のイギリス軍のなかでユダヤ人部隊を創設することを訴えている（Laqueur 1972, pp. 173-174, 341）。

大戦が終わってから彼は、一九二三年の『ラスヴェト』誌上で、「鉄の壁について」という彼の金字塔となる論文を発表した。これは、アラブ人に対して武力で防御することではじめてアラブ人は諦めて妥協することになると主張するものである[2]（Zhabotinskii 1923b）。アラブ人の懐に入って相互に利益を探るなかで共存をはかるのではなく、彼らとのあいだに「鉄の壁」を築いたうえで棲み分けをはかるということだ。

住民交換という論理

こうした民族に閉じたあり方は、武力による防衛というわかりやすい形でのみ表れたわけではない。シェヒトマンが示した住民交換という発想も、人々の生活レベルからはあまりにかけ離れた集団主義的な論理に基づくものだったといえる。

シェヒトマンは一九四〇年代に住民交換の専門家として名を知られるようになっていく。彼の住民交換論に関する研究によると、彼は直接的には、ジャボティンスキーや、すでに住民交換を中東の少数民族問題の解決策として提案する書物を出版していた別の修正主義シオニストの影響を受けていた。

シェヒトマンの念頭にあった直近の事例は、ソ連の影響圏内に置かれていたドイツ人に対するドイツ帰還呼びかけ運動「ハイム・インス・ライヒ（ライヒへ帰還せよ）移送」であり、それについて執筆することから彼の住民交換研究は始まっている。「人口の移送は戦後世界の再建方式の有機的な部分になるだろう」と述べるシェヒトマンは、この人口移動の経験の詳細がそうした政策に役立つと考えたのである（Ferrara 2011, p. 727）。

歴史上初めて「合法的」に行われた住民交換は、一九二三年にトルコとギリシャのあいだで実現したものである。オスマン帝国時代には同じ国だったこともあって、混在していたギリシャ正教系住民とムスリム系住民を交換する協定が結ばれ、実際に二〇〇万人にも上る人々が半ば強制的に移動させられた。

だが、協定を結んだのはあくまでも国家同士であり、その限りでのみ「合法的」であるにすぎない。つまり、住民の視点からすると多くの不当な事態が伴っていたわけだが、シェヒトマンはこれを成功例と考えた。

一九四一年に渡米したシェヒトマンは、ＣＩＡの前身である戦略諜報局（ＯＳＳ）のユダヤ事情研究所のスタッフになった。彼は、ＯＳＳがとりまとめた、トルコとギリシャの住民交換について言及した『一九二〇年以降のヨーロッパにおける人口移送』の執筆者と見られている。

戦後、ユダヤ機関（イスラエル移民を促進する組織）の助成を得て、ポーランドを訪れ、ドイツ人の追放について調査したシェヒトマンは、一九四九年には『アジアにおける人口移送』と題した英語の小冊子を出版し、そこでパレスチナ・アラブ人とイラク・ユダヤ人の交換に言及している。

その後、イスラエル政府はシェヒトマンの研究を助成し、彼は当時の外相とも連絡を取っていたという。シェヒトマンはこの研究が、パレスチナ難民のイスラエル領外での再定住、さらにはアラブ諸国のユダヤ人との交換への支持をアメリカから取り付けるうえで重要だと考えていたからである(ibid., pp. 228-230)。

では、住民交換とはいかなる論理に基づくのか。

もし関係するすべての人々の自己の諸側面が単一の民族に一本化されているのなら、住民交換は民族対立を予防する合理的な政策になるかもしれない。だが現実において人々の自己は、漠然とした民族以外の様々な側面を含んでいる。ローカルな側面も多く含まれ、そこでは複数の民族的側面が複雑に絡まり合っていることもある。

冷静に考えてみれば、人々が持っている諸側面の一つにすぎない民族的側面のみを根拠にして、地域から根こそぎ引きはがしてしまうという考え方はいかにも不合理である。しかも一旦そのようなことが起これば、民族という要素が人生を大きく左右するものとして人々の記憶に刻まれ、実際に民族というカテゴリーは社会的な重みを過剰に持つようになって、さらなる軋轢が生じていく。だがシェヒトマンは、住民交換を理想とはいわずとも必要悪という程度には考えていた。何よりも彼自身のなかでは、自己の民族的側面が一本化され、かつ肥大化していたからである。

住民交換という発想は、修正主義シオニストに限らず、そのほとんどがロシア・東欧地域出身者で占められていたパレスチナのシオニスト指導部一般でしばしば議論されている（Masalha 1992）。一九四八年前後の戦争時にはそれを大々的に実行するまでには至らなかったものの、その計画の存在や軍事作戦への影響についてはすでに指摘がある（代表的なものとして、パペ 二〇一七を挙げておきたい）。その後のイスラエルの政策も、国境や分離壁の線引きの問題を含め、いかにアラブ人口を増やさないか、いかにユダヤ人居住地域とアラブ人（パレスチナ人）居住地域を分離するかに神経が注がれており、住民交換の提案も右派政治家からしばしば発せられてきた。

ポーランドでの展開

シオニズムの過激化については、ロシア帝国崩壊後のポーランドでの展開のほうが専門家のあいだでは知られるようになっている。本書でも最後にこの点に触れておきたい。序章に登場したベギンも、ポーランド人が多い環境で育ち、第二次大戦中にパレスチナに移民するまでは、独立後のポーランドで過ごしている。

ソ連では、一九二〇年代初頭に社会主義色が濃い一派以外のシオニズムが禁止され、二〇年代終わりにはすべてのシオニズムが禁止された。東欧におけるシオニズムの拠点は、国単位ではソ連の次に多いユダヤ人口を抱えることになったポーランドに移っていく。

そこには、ポーランド国家におけるユダヤ人の自治とパレスチナ開拓の双方を目指すという、ロシア・シオニズムの本流を受け継ぐ流れもあった。だが、これまでの章で登場したユダヤ人が懸念していた通り、ポーランドではポーランド人中心主義が強まり、それにともなって、この流れは行き詰まっていく。

代わって特に若年層の支持を集めたものの一つが、ジャボティンスキー率いる修正主義シオニズムだった（ほかに、宗教色の強いシオニズムもポーランドでは発展した）。最近の研究によると、ベギンも参加していた修正主義シオニズムの青年組織は、当時強まっていたポーランドの軍事主義から強い影響を受け、ポーランド人の若者と同様に、シオニストの旗を掲げてパレードを行うなど、力強い集団イメージを前面に打ち出した（Heller 2017）。

筆者がアメリカの東欧ユダヤ史研究者とともに編纂した論集では、そのほか、同時期に高まっていたポーランドの暴力の文化の影響や、ポーランド・ナショナリズムと、シオニズムなどのユダヤ・ナショナリズムの共鳴関係を指摘した論文が収録されている（Moss, Nathans, and Tsurumi, eds. [forthcoming]）。シオニストが考える「ユダヤ民族」がさらに先鋭化していった背景に第一次大戦から第二次大戦にかけてのポーランドの影響があったことは、これからさらに明らかにされていくだろう。

＊

しかし、本書はそれ以前のロシア帝国時代から、それに抗う動きとともに、その方向に進む萌芽が様々な形で表れていたことを明かした。イスラエルの建国には様々な地域のユダヤ人や非ユダヤ人が関与している。その起源に注目するとき、ロシア・ユダヤ人の存在を忘れるわけにはいかない。

他のあらゆる人間と同様に、ユダヤ人もまた多面的存在であり、本来的に民族として孤立していたわけではなかった。自己が持つ側面が居住社会と様々につながり、自己のなかで調和する限りにおいて、ユダヤ人はその人生を居住地で全うした。居住国の社会とのつながりを意識していたからこそ、ある場面では類いまれな愛国者となった。傍から見ればかなり厳しい状況のなかでさえ、自己の複数の側面間の調和を図ろうと奮闘した者もいた。

だが、そのバランスが大きく崩れたとき、自己のあり方が根本的に変わる場合があった。

イスラエルの建国は、そこから始まる――。

注

［序　章］

1　これは、シオニズム思想における「ディアスポラの否定」の例である。イスラエルのホロコースト観と併せて、この点について簡潔に論じたものとして、臼杵 二〇〇〇を参照。

2　なお、同書ではジャボティンスキーの組織の名前が「ベタル」と書かれているが、同組織は一九二三年にラトヴィアのリガで設立されたのが最初である。

［第一章］

1　その他、先行研究で提示されている例としては、帝政末期に活躍した弁護士ゲンリヒ・スリヨスベルクが、よきユダヤ人であることとよきロシア臣民であることは矛盾しない、と述べていることなどが挙げられる（Lederhendler 1995, p. 24）。

2　この併存型は、次に提示する、アメリカのマイノリティの社会統合についての心理学的研究で“alternation model”（交互モデル）とされる、二つの文化に属しながら両方を場面に応じて使い分ける（交互に呈示する）タイプの在り方と同一である（LaFromboise, Coleman, and Gerton 1993）。

3　以下のコサックに関する記述は、鶴見 二〇一八と重なる（一部改変）。

4　ロシア連邦統計局 Vserossiiskaia perepis' naseleniia: http://www.gks.ru/free_doc/new_site/perepis2010/croc/Documents/Vol4/pub-04-01.pdf（二〇一九年九月一〇日アクセス）

[第二章]

1 当時のルーブルの価値に関しては、一例として『ヴォスホート週報』という全二五頁程度の週刊誌の年刊購読料が月刊誌『ヴォスホート』(毎号数百頁)とのセットで一〇ルーブルだった。

[第三章]

1 ロールバッハはおそらくユダヤ系ではない。ユダヤ系であるという噂が当時存在していたかどうかは確認できなかった。ここではユダヤ系であるという前提で論じられている。

2 ロシアの舞台で堂々と自集団の権利を主張した動きとして、ユダヤ人以外の、例えばムスリムに関しては、長縄二〇一七を参照。

3 ヴィナヴェルを主にユダヤ人の擁護者としての側面から捉えた重厚なモノグラフとしては、Kel'ner 2018を参照。彼のドゥーマでの活動の概略については、Horowitz 2013, pp. 37-53を参照。

4 『新ヴォスホート』における経済の議論については、Slutsky 1978, pp. 366-369も参照。スルツキーは、ロシア経済や、その産品の輸出においてユダヤ人が重要な役割を果たしたとするダヴィド・ホロヴィッツの議論に言及している。

5 ポーランド人は、ロシアの直轄地である西部地域(リトアニアやベラルーシ、ウクライナ)から一八人、首都ペテルブルク、カザン(現在のロシア連邦タタールスタン共和国の首都)、キシニョフ(現在のモルドヴァの首都)から一名ずつ選出されていた(Janus 1971, pp. 62-71)。

6 ヴィッテは「なかばコミカルなナショナリスト」の政党が「ロシアはロシア人のためのものでなければならない」と唱えたことに対して、こう述べている。

7 なお、前年度の「同盟」の会議では、ユダヤ人のあいだでのこうした声を反映して、政府を象徴するヴィッテを攻撃する場面も見られた(Gassenschmidt 1995, p. 29)。

8 その他、マクラコフのユダヤ人問題との関わりについては、Budnitskii 1999を参照。

9 リベラリストであってもユダヤ人に対しては冷淡な場合もあり、そのことは早くからユダヤ人リベラリストから指摘されていた。詳しくは、Maor 1964を参照。

10 ヴィナヴェルと『ユダヤ・トリビューン』との関わりについては、Kel'ner 2018, pp. 394-436を参照。同誌は初期にはロシアにまで配布されていた。

11 Kel'ner 2003, pp. 158-171も参照。「西欧化推進者」については、同誌の記事Mirskii 1920b, pp. 4-5が明示している。

12 そのようなロシア知識人はシオニズムに反対していたわけでは必ずしもなかった。なかには精神的な意味でそこにユートピアを見出していた者もいた（Horowitz 2009, p. 82）。

［第四章］

1 これらの文献については、一九一七年までのパスマニクが中心的人物の一人である拙著（鶴見二〇一二）を参照。

2 Rudi 1972, pp. 363-372（ヘブライ語文献）は、シオニズム時代のパスマニクの思想を概説した唯一の研究である。カデットの、とりわけクリミアにおける活動のなかで、後述するパスマニクのクリミア時代の回想記を中心に言及しているものとしては、Rosenberg 1974（特にCh. 12）を参照。白軍におけるユダヤ人を扱ったBudnitskii 2012も、この回想記を中心にパスマニクにも言及し、従来社会主義の文脈ばかりで語られがちだった革命時のユダヤ人の状況に新たな光を当てている。また、Budnitskii i Polian 2013（ロシア語文献）も、ベルリンに亡命したロシア・ユダヤ人の思想と行動を詳述して、亡命ロシア・ユダヤ人というテーマの重要性を提示しており、そのなかでパスマニクが若干言及されている。

3 なお、アゼフについては、彼のより複雑な側面を提示した研究として、Geifman 2000がある。

4 こうした緩やかな意味での愛郷心・民族愛の並存は、シオニストのあいだでもロシアに限らず広く見られた現象である（Aberbach 2012（特にCh. 7））。

5　この引用のなかで「ポーランドの外」が具体的にどこを指すのかは明らかでないが、ロシア帝国内のポーランド以外の地域を指しているものと思われる。もっとも、ここでは実際の法的な権利よりも、より抽象的に、ポグロムなどの迫害に遭うことなく、民族性がそれなりに尊重されている雰囲気を意味している。

6　この書物は、ユダヤ植民協会がまとめたユダヤ人の経済状況に関する報告書をもとにパスマニクが議論していく、という体裁をとっている。

7　当時のクリミアの人口は八〇万八九〇三人で、そのうち八・四%がユダヤ人であったという（Budtnitskii 2012, p. 167）。クリミアのカデットや臨時政府のなかでの位置づけについては、Rosenberg 1974, Ch. 12を参照。

8　ただし、実際の論考では、もう少し控えめに、ユダヤ人がパレスチナにおけるよきパートナーとして認知されることへの期待が書かれている（Samoilov 1914a; 1914bを参照）。

9　シオニスト運動のなかでも、パスマニクは諸階級が連帯することの重要性を説いていた。例えば、シオニズムが無階級的な性格を持つと論じた小冊子Pasmanik 1905bが挙げられる。

10　この記事については、白軍に期待するカデットのメンバーがポグロムを意図的なものではないと擁護していたという文脈で次の先行研究も参照しており、引用箇所が多く重なっていることをお断りしておく（Budtnitskii 2012, pp. 292-293）。

11　『ユダヤ・トリビューン』の概要としては次を参照。Kaplan 1993, pp. 167-180.

12　ロシア史家W・ローゼンバーグは、これを"statesmanship"と訳している。やや意訳ではあるが、パスマニクの議論でも、国家全体を見渡す眼力のような意味が込められていることもあるため、示唆的である（Rosenberg 1997, p. 258）。なお、初代イスラエル首相ダヴィド・ベングリオンが多種多様な人々が集まった国家を統制する際にキーワードとしていた「マムラフティユット」という語の源流にこのロシア語がある、とする興味深い研究がある（Kedar 2009）。

［第五章］

1 ジャボティンスキーの場合、この点は比較的早くから顕在化していた（Kel'ner 2018, pp. 172-193）。

2 『ラスヴェト』は、ビケルマンの講演に対する白熱した討論（批判）を掲載している（"Evrei i Rossiia (Debaty po dokladu I. M. Bikermana)", *Rassvet*, 7 (Feb. 18), 1923, pp. 12-13）。

3 これは、のちにヴィルナのイディッシュ科学研究所＝ＹＩＶＯに移管され、ホロコーストで多くが破壊された後、ニューヨークのＹＩＶＯに一部残っている。

［第六章］

1 この論文は、シベリア・シオニズムは一九一七年までは精神的な動きだったが、一九一九年以降は退出を求める政治的シオニズムの古典的な形になったと指摘している。しかし、『ユダヤ・ジズニ』が出版されていたコルチャク政権の下でのシオニスト運動を考慮に入れていないように思われる。

2 同じ号には、この会談に関する詳細が掲載されている（*Evreiskaia zhizn'*, 24, 1919, pp. 8-10）。

3 中国政府は特にロシア国籍者による民族運動を警戒しており、民族系組織の設置には政府の許可と高い納税が必要とされた。例外はイギリス政府のお墨付きのある組織であるのを示すことだったという（Katz 2010, p. 548）。英語でこのように書いた背景には、このことも関係しているだろう。

4 一九二〇年代には、実際に資本は移民に対して明らかに不足していた（Shapira 2012, p. 105）。

5 ハルビンのユダヤ社会によるポグロム被害者の支援や『シビル・パレスチナ』におけるそうしたトピックの記事については、Romanova 2001, pp. 219-221 も参照。

［終　章］

1 自伝（Novomeysky 1958）では、アラブ人との良好な関係が強調されている。

2　なお、本論文を含む、日本語でのジャボティンスキーの概説としては、森 二〇〇八を参照。

文献一覧

外国語文献

Aberbach, David 2012, *The European Jews, Patriotism and the Liberal State 1789-1939: A Study of Literature and Social Psychology,* Abingdon: Routledge.

Abramson, Henry 1999, *A Prayer for the Government: Ukrainians and Jews in Revolutionary Times, 1917-1920,* Cambridge: Harvard University Press.

Altshuler, Mordechai 1973, “Russia and Her Jews: The Impact of the 1914 War”, *Wiener Library Bulletin,* 27(30-31), pp. 12-16.

Anderson, Benedict 2006, *Imagined Communities: Reflections on the Origin and Spread of Nationalism* (1983), Revised ed., London: Verso.（ベネディクト・アンダーソン『増補 想像の共同体――ナショナリズムの起源と流行』白石さや・白石隆訳、ＮＴＴ出版、一九九七年）

Apostol, P. 1920, “Evrei i ekonomicheskii pod’em Rossii”, *Evreiskaia tribuna,* 7.

Aronson, I. Michael 1990, *Troubled Waters: The Origins of the 1881 Anti-Jewish Pogroms in Russia,* Pittsburgh: University of Pittsburgh Press.

Beizer, Michael 2009, “Restoring Courage to Jewish Hearts: Frank Rosenblatt’s Mission in Siberia in 1919”, *East European Jewish Affairs,* 39(1), pp. 35-56.

Berdiaev, Nikolai 1924, “Evreiskii vopros, kak vopros khristianskii”, *Evreiskaia tribuna,* 8.

Berdichevsky, Micah Joseph 1997, "Wrecking and Building", in *The Zionist Idea: A Historical Analysis and Reader*, edited by Arthur Herzberg, Philadelphia: Jewish Publication Society.

Berline, Paul 1947, "Russian Religious Philosophers and the Jews (Soloviev, Berdyaeb, Bulgakov, Struve, Rozanov, and Fedotov)", *Jewish Social Studies*, 9(4), pp. 271-318.

Berlin, P. 1915, "Dve formuly natsionalizatsii", *Evreiskaia nedelia*, 5.

Blank, R. 1920, "Naha programma", *Evreiskaia tribuna*, 1.

Bresler, Boris 1999, "Harbin's Jewish Community, 1898-1958: Politics, Prosperity, and Adversity", in *The Jews of China*, Vol. 1: *Historical and Comparative Perspectives*, edited by Jonathan Goldstein, Armonk, New York: M. E. Sharpe, pp. 200-215.

Brutskus, Iu. 1923, "Sud'by Vostoka", *Rassvet*, 17 (Apr. 29), pp. 2-3.

—— 1930, "Psikhologiia pogromov", *Rassvet*, 17 (Apr. 27), pp. 2-5.

Budnevich, Ia. 1921, "Itogi", *SP*, 20, pp. 3-4.

Budtnitskii, Oleg 1999, "V. A. Maklakov i evreiskii vopros", *Vestnik evreiskogo universiteta*, 1(19), pp. 42-94.

—— 2012, *Russian Jews between the Reds and the Whites, 1917-1920*, translated by Timothy J. Portice, Philadelphia: University of Pennsylvania Press.

Budtnitskii, Oleg i Aleksandra Polian 2013, *Russko-evreiskii Berlin, 1920-1941 (Historia Rossica)*, Moskva: Novoe literaturnoe obozrenie.

Buldakov, Vladimir P. 2011, "Freedom, Shortages, Violence: The Origins of the 'Revolutionary Anti-Jewish Pogrom' in Russia, 1917-1918", in *Anti-Jewish Violence: Rethinking the Pogrom in East European History*, edited by Jonathan Dekel-Chen, David Gaunt, Natan M. Meir, and Israel Bartal, Bloomington: Indiana

University Press.

Burtsev, Vladimir L. 1938, *"Protokoly sionskikh mudretsov" dokazannyi podlog,* Paris: Oreste Zeluk.

Cherikover, I. 1918, "Nemetskie evrei, voina i evreistvo", *Evreiskaia nedelia,* 11-12.

Corrsin, Stephen D. 1989, "Polish-Jewish Relations before the First World War: The Case of the State Duma Elections in Warsaw", *Gal-Ed: On the History of the Jews in Poland,* 11, pp. 31-53.

Dal'nevostochnoe Raionnoe Biuro Sionistskoi Organizatsii [Far Eastern Regional Bureau of the Zionist Organisation] 1921, "K evreiam Dal'nego Vostoka", *SP,* 32, p. 4.

Davidson, A. [Abraham Idel'son] 1914, "Palestina i ravnopravie II", *Rassvet,* 51-52.

D. G. 1905a, "Obzor russkoi pechati", *Voskhod,* 22, pp. 6-7.

—— 1905b, "Obzor russkoi pechati", *Voskhod,* 24, pp. 6-8.

Dr. K. [Kaufman] 1922, "'Sibir'-Palestina' No. 100", *Sibir'-Palestina,* 38, p. 4.

Du Bois, W. E. B. 2017, *The Souls of Black Folk,* Kindle ed., Seattle: Amazon Classics.

Ferrara, Antonio 2011, "Eugene Kulischer, Joseph Schechtman and the Historiography of European Forced Migrations", *Journal of Contemporary History,* 46(4), pp. 715-740.

Gassenschmidt, Christoph 1995, *Jewish Liberal Politics in Tsarist Russia, 1900-1914,* New York: New York University Press.

—— 2010, "Vinaver, Maksim Moiseevich", in *The YIVO Encyclopedia of Jews in Eastern Europe,* YIVO Institute for Jewish Research (https://yivoencyclopedia.org/).

Geifman, Anna 2000, *Entangled in Terror: The Azef Affair and the Russian Revolution,* Wilmington: Scholarly Resources.

Gepshtein, S. 1922, "Piat' let", *Rassvet,* 9 (Mar. 4), pp. 1-2.

GIG 1919, "Obshchinnyi s'ezd", *Evreiskaia zhizn',* 1, p. 16.

Gitel'son, G. 1919a, "Pogromy", *Evreiskaia zhizn',* 4-5, pp. 4-5.

—— 1919b, "'Inorodtsy'", *Evreiskaia zhizn',* 7, pp. 4-6.

Gorny, Yosef 1987, *Zionism and the Arabs 1882-1948,* Oxford: Clarendon Press.

Gorskii, M. [Novomeiskii] 1919, "Novaia volna", *Evreiskaia zhizn',* 34, p. 3.

—— 1920a, "K momentu", *Evreiskaia zhizn',* 2, p. 4.

—— 1920b, "Pered novymi ispytaniiami", *Evreiskaia zhizn',* 3, pp. 3-4.

Gottesman, B. 1923, "Arabskaia 'opasnost'", *Rassvet,* 2 (Jan. 14), pp. 6-7; 3 (Jan. 21), pp. 7-8.

Gronskii, P. P. 1921, "Prava natsional'nykh men'shinstv po rizkskomu dogovoru", *Evreiskaia tribuna,* 80.

Gurevich, Kh. D. 1912, "Ekonomicheskaia zhizn' russkogo evreistva v 1912 godu", *Novyi voskhod,* 1.

Harcave, Sidney 1964, *The Russian Revolution of 1905,* London: Collier-Macmillan.

Haruv, Dan 2010, "Voskhod", in *The YIVO Encyclopedia of Jews in Eastern Europe,* YIVO Institute for Jewish Research (https://yivoencyclopedia.org/).

Heller, Daniel Kupfert 2017, *Jabotinsky's Children: Polish Jews and the Rise of Right-Wing Zionism,* Princeton: Princeton University Press.

Holquist, Peter 2002, *Making War, Forging Revolution: Russia's Continuum of Crisis, 1914-1921,* Cambridge: Harvard University Press.

Horowitz, Brian 2009, *Empire Jews: Jewish Nationalism and Acculturation in 19th- and Early 20th-Century Russia,* Bloomington: Slavica Publishers.

—— 2013, *Russian Idea, Jewish Presence: Essays on Russian-Jewish Intellectual Life,* Boston: Academic Studies Press.

Iokhanan 1919a, "Itogi i perspektivy", *Evreiskaia zhizn',* 26, pp. 4-5.

—— 1919b, "Tarbut v Sibiri", *Evreiskaia zhizn',* 35, pp. 6-9.

Ivanovich, S. 1921, "Bolsheviki i pogrom", *Evreiskaia tribuna,* 91.

Izgur. A. 1922, "Keren Gaisod i Dal'nii Vostok", *Sibir'-Palestina,* 24, p. 5.

Janus, Glenn Alfred 1971, "The Polish Kolo, the Russian Duma, and the Question of Polish Autonomy" (Ph. D. dissertation, Ohio State University).

Kal'mina, E. g. L. V. 2009, "Sionizm v sibiri v 1910-1920-kh godakh", in *Problemy evreiskoi istorii materialy nauchnoi konferentsii tsentra Sefer po iudaike,* Moscow: Knizhniki, pp. 267-276.

Kaplan, Vera 1993, "'Evreiskaia tribuna' o Rossii i russkom evreistve (Parizh, 1920-1924 gg.)", v kn. M. Parkhomovskii red., Evrei v kul'ture russkogo zapubezh'ia: sbornik statei, publikatsii, mamuarov I esse 1919-1939 gg., Vypusk II, Ierusalim.

Karlip, Joshua M. 2013, *The Tragedy of a Generation: The Rise and Fall of Jewish Nationalism in Eastern Europe,* Cambridge: Harvard Unviersity Press.

Katz, Yossi 2010, "The Jews of China and their Contribution to the Establishment of the Jewish National Home in Palestine in the First Half of the Twentieth Century", *Middle Eastern Studies,* 46(4), pp. 543-554.

Kaufman, A. 1921a, "Na trud i bor'bu (K ot'ezdu khalutsim)", *Sibir'-Palestina,* 14, pp. 3-4.

—— 1921b, "Shekel'", *Sibir'-Palestina,* 15-16, p. 5.

—— 1921c, "Obshchina i stroitel'stvo Palestiny", *Sibir'-Palestina,* 17-18, pp. 3-4.

—— 1972, "Ha-itonut ha-tsionit be-mizrakh ha-rakhok", in *Ktsir: kovets la-korot ha-tenua ha-tsionit be-rosiah, beit,* Tel Aviv: Masada.

Kedar, Nir 2009, *Mamlakhtiyut: ha-tfisah ha-ezrakhit shel david ben-gurion,* Jerusalem: Yad Yizkhak Ben-Zvi.

Kel'ner, Viktor E. 2003, *Ocherki po istorii russko-evreiskogo knizhnogo dela vo vtoroi polovine XIX-nachale XX v.,* St. Petersburg: Rossiiskaia natsional'naia biblioteka.

—— 2018, *Shchit: M. M. Vinaver i evreiskii vopros v Rossii v kontse XIX-nachale XX veka,* Sankt-Petersburg: European University at St. Petersburg.

Kenez, Peter 1977, *Civil War in South Russia, 1919-1920: The Defeat of the Whites,* Berkeley: Published for the Hoover Institution on War, Revolution, and Peace (by University of California Press).

Kh. 1905, "O pravakh evreev-remeslennikov", *Voskhod,* 20, pp. 13-15.

Kleinman, I. A. 1910a, "Evreistvo v Pol'she", *Novyi voskhod,* 3.

—— 1910b, "Evreistvo v Pol'she", *Novyi voskhod,* 12.

Kleinman, M. 1922, "Ot 'Rassveta' do 'Rassveta'", *Rassvet,* 1.

Klier, John 2010, "Pogroms", in *The YIVO Encyclopedia of Jews in Eastern Europe,* YIVO Institute for Jewish Research (https://yivoencyclopedia.org/).

Klin, I. 1921a, "Sotsial'no-ekonomicheskiie osnovy kolonizatsii Palestiny", *Sibir'-Palestina,* 9, pp. 3-4.

—— 1921b, "Dve zhertvy", *Sibir' -Palestina,*11, p. 4.

Kohn, Hans 1964, *Living in a World Revolution: My Encounters with History,* New York: Trident Press.

Kornblatt, Judith Deutsch 1997, "Vladimir Solov'ev on Spiritual Nationhood, Russia and the Jews", *The Russian Review,* 56(2), pp. 157-177.

Kulisher, A. i N. Sorin 1922, "Pis'mo v redaktsiiu", v I. Shekhtman, "Russkaia demokratiia i natsional'nyi vopros", *Rassvet*, 5, p. 7.

LaFromboise, Teresa, Hardin L. K. Coleman, and Jennifer Gerton 1993, "Psychological Impact of Biculturalism: Evidence and Theory", *Psychological Bulletin*, 114(3), pp. 395-412.

Laqueur, Walter 1972, *A History of Zionism*, New York: MJF Books.

Lederhendler, Eli 1995 "Did Russian Jewry Exist prior to 1917?", in *Jews and Jewish Life in Russia and the Soviet Union*, edited by Yaacov Ro'i, London: Routledge.

Levin, Vladimir 2007, "HaHa-politikah ha-yehudit ba-imperiyah ha-rusit be-idanha-riaktsiya" (Ph.D. dissertation, Hebrew University of Jerusalem).

Linville, Patricia W. 1985, "Self-Complexity and Affective Extremity: Don't Put All of Your Eggs in One Cognitive Basket", *Social Cognition*, 3(1), pp. 94-120.

Maor, Yitskhak 1964, *Sheelat ha-yehudim ba-tnua ha-liberalit ve-hamehapahnit be-rusya 1890-1914*, Jerusalem: Mossad Bialik.

Masalha, Nur 1992, *Expulsion of the Palestinians: The Concept of "Transfer" in Zionist Political Thought, 1882-1948*, Washington, D. C.: Institute for Palestine Studies.

Meerovich, D. 1920, "Deklaratsiia gen. Vrangelia po evreiskomu voprosu", *Evreiskaia tribuna*, 31.

Mendel'son, A. 1919, "Izbiratel'nye kampanii", *Evreiskaia zhizn'*, 13.

Mendes-Flohr, Paul 1999, *German Jews: A Dual Identity*, New Haven: Yale University Press.

Mikhel'son, A. 1910a, "Uchastie evreev v khlebnoi torgovle", *Novyi voskhod*, 14.

—— 1910b, "Uchastie evreev v khlebnoi torgovle", *Novyi voskhod*, 15.

—— 1920, "Rol' evreev v dele ekonomicheskogo vozroedeniia Rossii", *Evreiskaia tribuna*, 9.

Miliukov, P. 1922, "National'nost' i natsiia", *Evreiskaia tribuna*, 33, pp. 1-2.

Miliukov, P. N., et al. 1937, *M. M. Vinaver i russkaia obshchestvennost' nachala XX veka*, Parizh.

Minskii, N. 1920, "Vladimir Solov'iov o evreistve", *Evreiskaia tribuna*, 34.

Mirin, D. [Daniel Pasmanik] 1905, "Istoriia odnogo evreiskogo intelligenta", *Evreiskaia zhizn'*, 1-10.

Mirskii, V. 1920a, "Krasnyi antisemitizma", *Evreiskaia tribuna*, 19.

—— 1920b, "Evreiskoe zapadnichestvo", *Evreiskaia tribuna*, 25.

—— 1921a, "O putiakh Rossii", *Evreiskaia tribuna*, 61.

—— 1921b, "Pol'skii grekh", *Evreiskaia tribuna*, 105.

—— 1923, "Pogromnyi fashizm", *Evreiskaia tribuna*, 156.

M. L. 1915, "Blizhaishie perspektivy", *Evreiskaia nedelia*, 7, p. 3.

Mogilner, Marina 2019, "Racial Purity vs. Imperial Hybridity: The Case of Vladimir Jabotinsky against the Russian Empire", in *Ideologies of Race: Imperial Russia and the Soviet Union in Global Context*, edited by David Rainbow, London / Chicago: McGill-Queen's University Press.

Moss, Kenneth B., Benjamin Nathans, and Taro Tsurumi, eds. [forthcoming], *From Europe's East to the Middle East: Israel's Russian and Polish Lineages*, Philadelphia: University of Pennsylvania Press.

Nathans, Benjamin 2002, *Beyond the Pale: The Jewish Encounter with Late Imperial Russia*, Berkeley: University of California Press.

Nordau, Max 1997, "Speech to the First Zionist Congress", in *The Zionist Idea: A Historical Analysis and Reader*, edited by Arthur Hertzberg, Philadelphia: Jewish Publication Society, pp. 235-241.

Novomeysky, M. A. 1956, *My Siberian Life*, London: Max Parrish.

—— 1958, *Given To Salt: The Struggle for the Dead Sea Concession*, London: Max Parrish.

Observator 1915, "Mobilizatsiia promyshlennosti", *Evreiskaia nedelia*, 2, p. 3.

Orbach, Alexander 1990, "The Jewish People's Group and Jewish Politics in Tsarist Russia, 1906-1914", *Modern Judaism*, 10(1), pp. 1-15.

Pappe, Ilan 2004, *A History of Modern Palestine: One Land, Two Peoples*, Cambridge: Cambridge University Press.

Park, Robert E. 1928, "Human Migration and the Marginal Man", *American Journal of Sociology*, 33(6), pp. 881-893.

Pasmanik, D. S. 1903a, "Ideologiia i realizm v evreistve", *Budushchnost'*, 49 (Dec. 5), pp. 973-974.

—— 1903b, "Ideologiia i realizm v evreistve", *Budushchnost'*, 50 (Dec. 12), pp. 994-995.

—— 1905a, *Ekonomicheskoe polozhenie evreev v Rossii*, Odessa: Kadima.

—— 1905b, *Neklassovyi kharakter sionizma*, SPb: Evreiskoi zhizni.

—— 1910, *Stranstvuiushchii Izrael' (Psikhologiia evreistva v rasseianii)*, Vil'na: I. Tsionson.

—— 1912a, "Evrei i 4-aia Gosudarstvennaia Duma", *Rassvet*, 34, pp. 3-7.

—— 1912b, "O sionistskom mirovozzrenii II", *Rassvet*, 42, pp. 3-6.

—— 1912c, "Natsional'naia bor'ba i antisemitizm", *Rassvet*, 52, pp. 10-14.

—— 1913, "Evoliutsiia sionizma I", *Rassvet*, 43, pp. 8-10.

—— 1914, "Voprosy sionistskoi deistvitel'nosti", *Rassvet*, 11, pp. 5-8.

—— 1917a, "Dobrye liudi", *Ialtinskii golos*, 76 (Jun. 1), p. 2.

—— 1917b, "Agrarnyi vopros", *Ialtinskaia novaia zhizn'*, 27 (Apr. 13), p. 3.

—— 1917c, "Otkliki", *Ialtinskaia novaia zhizn'*, 34 (Apr. 21), p. 2.

—— 1917d, "Ob antisemitizme", *Ialtinskii golos*, 124 (Aug. 27), p. 2.

—— 1919, "Evreiskii vopros v Rossii", *Obshchee delo*, 57 (Sep. 14), p. 4.

—— 1920, "Muki rossiiskogo evreistva", *Evreiskaia tribuna*, 30, pp. 1-2.

—— 1921a, "A. V. Kolchak", *Obshchee delo*, 207, p. 2.

—— 1921b, "Za chto my borolis'", *Obshchee delo*, 455, p. 2.

—— 1923a, *Russkaia revoliutsiia i evreistvo (Bol'shevizm i iudaizm)*, Parizh: Franko-Russkaia izdachel'stvo.

—— 1923b, *Dnevnik kontr-revoliutsionera*, no. 1, Parizh: Sklad izdaniia.

—— 1923c, *Dnevnik kontr-revoliutsionera*, no. 2, Parizh: Sklad izdaniia.

—— 1924, "Chego-zhe my dobivaemsia?", in *Rossiia i evrei: Sbornik pervyi*, ed. Otechestvennoe ob'edinenie russkikh evreev zagranitsei, Berlin.

—— 1926, *Revoliutsionnye gody v Krymu*, Paris: Imprimerie de Navarre.

—— 1930, *Mipnei ma ani yehudi?*, translated by Israel Karnieli, Tel-aviv: moreah. （フランス語訳 *Qu'est-ce que le Judaïsme?*, Paris: Librairie Lipschutz, 1930）

Pearson, Raymond 1989, "*Nashe Pravitel'stvo?*: The Crimean Regional Government of 1918-19", *Revolutionary Russia*, 2(2), pp. 14-30.

Poliakov-Litovtsev, S. 1921, "Evreistvo i evraziitsy", *Evreiskaia tribuna*, 103, pp. 3-5.

Polonsky, Antony 2012, *The Jews in Poland and Russia*, Vol. 3: *1914 to 2008*, Oxford: Littman Library of Jewish Civilization.

Rabinovitch, Simon 2009, "Russian Jewry Goes to the Polls: An Analysis of Jewish Voting in the All-Russian Constituent Assembly Elections of 1917", *East European Jewish Affairs,* 39(2), pp. 205-225.

—— 2014, *Jewish Rights, National Rites: Nationalism and Autonomy in Late Imperial and Revolutionary Russia,* Stanford: Stanford University Press.

Reus-Smit, Christian and Duncan Snidal (eds.) 2008, *The Oxford Handbook of International Relations,* New York: Oxford University Press.

Rimskii, G. 1923, "Antisemitizm i krasnaia armiia", *Evreiskaia tribuna,* 157.

Rogger, Hans 1986, *Jewish Policies and Right-Wing Politics in Imperial Russia,* Basingstoke: Macmillan.

Romanova, Viktoriia 2001, *Vlast' i evrei na Dal'nem Vostoke Rossii: istoriia vzaimootnoshenii (vtoraia polovina XIX v.-20-e gody XX v.),* Krasnoiarsk: Klaretianum, pp. 192-236.

Rosenberg, William G. 1974, *Liberals in the Russian Revolution: The Constitutional Democratic Party, 1917-1921,* Princeton: Princeton University Press.

—— 1997, "The Constitutional Democratic Party (Kadets)", in *Critical Companion to the Russian Revolution 1914-1921,* edited by Edward Acton, Vladimir Iu. Cherniaev, and William G. Rosenberg, London: Arnold.

Rubinstein, Hilary L., Dan Cohn-Sherbok, Abraham J. Edelheit, and William D. Rubinstein 2002, *The Jews in the Modern World: A History since 1750,* London: Arnold.

Rudi, Zvi 1972, "Daniel Pasmanik", in *Ktsir: kovets le-korot ha-tnuah ha-tsionit be-rusiah,* beit, Tel-Aviv: Tarbut ve-khinokh.

Samoilov, D. [Daniel Pasmanik] 1914a, "Mirovaia voina i Palestina", *Rassvet,* 47, pp. 1-4.

—— 1914b, "Mirovaia voina i Palestina", *Rassvet,* 48, pp. 4-8.

Shakh, Fabii 1905, "Lichnaia i natsional'naia emansipatsiia", *Voskhod*, 27.

Shapira, Anita 2012, *Israel: A History*, Waltham: Brandeis University Press.

Shekhtman, Iosef Vorisovich 1917, *Evrei I ukraintsy*, Odessa: Kineret.

—— 1922, "Russkaia demokratiia i natsional'nyi vopros", *Rassvet*, 1, pp. 8-10.

—— 1923a, "S negodnymi sredstvami", *Rassvet*, 15 (Apr. 15), pp. 4-5.

—— 1923b, "Arabskie gosudarstva", *Rassvet*, 18 (May 6), pp. 4-5.

—— 1923c, "Nasha arabsakaia politika", *Rassvet*, 31 (Aug. 5), pp. 4-6.

—— 1929, "Zhaloby Kassandry", *Rassvet*, 36 (Sep. 8), p. 6.

—— 1932, *Pogromy Dobrovol'cheskoi armii na Ukraine (k istorii antisemitizma na Ukraine v 1919-1920 gg.)*, Berlin: Ostjüdisches Historisches Archiv.

Shichman-Bowman, Zvia 1999, "The Construction of the Chinese Eastern Railway and the Origins of the Harbin Jewish Community, 1898-1931", in *The Jews of China*, Vol. 1: *Historical and Comparative Perspectives*, edited by Jonathan Goldstein, Armonk: M. E. Sharpe, pp. 187-199.

Shilon, Avi 2007, *Begin 1913-1992*, Tel-Aviv: Am-Oved.

Shi., Z. 1919, "Shag vpered", *Evreiskaia zhizn'*, 24, p. 3.

Shnaiderman, L. 1929, "Kul'turtregery", *Rassvet*, 40 (Oct. 6), p. 6.

Sh., Z. [Z. I. Shkundin] 1919a, "K vyboram v gorodskiia samoupravleniia", *Evreiskaia zhizn'*, 4-5, pp. 7-8.

—— 1919b, "Za polgoda", *Evreiskaia zhizn'*, 26, p. 3.

Simon, Bernd and Christoph Daniel Schaefer 2018, "Muslims' Tolerance towards Outgroups: Longitudinal Evidence for the Role of Respect", *British Journal of Social Psychology*, 57(1), pp. 240-249.

Simon, Bernd and Daniela Ruhs 2008, "Identity and Politicization among Turkish Migrants in Germany: The Role of Dual Identification", *Journal of Personality and Social Psychology*, 95(6), pp. 1354-1366.

Simon, Bernd, Frank Reichert, and Olga Grabow 2013, "When Dual Identity Becomes a Liability: Identity and Political Radicalism among Migrants", *Psychological Science*, 24(3), pp. 251-257.

Skinner, Barbara 1994, "Identity Formation in the Russian Cossack Revival", *Europe-Asia Studies*, 46(6), pp. 1017-1037.

Slutsky, Yehuda 1978, *Ha-itonut ha-yehudit-rusit be-meah ha-esrim, 1900-1918*, Tel Aviv: Ha-agudah lekhaker toldot ha-yehudim.

Smith, Charles D. 2009, *Palestine and the Arab-Israeli Conflict: A History with Documents*, 7th ed., Boston: Bedford / St Martin's.

Stanislawski, Michael 1988, *For Whom Do I Toil?: Judah Leib Gordon and the Crisis of Russian Jewry*, New York: Oxford University Press.

—— 2001, *Zionism and the Fin de Siecle: Cosmopolitanism and Nationalism from Nordau to Jabotinsky*, Berkely: University of California Press.

Tobias, Henry J. 1972, *The Jewish Bund in Russia: From Its Origins to 1905*, Stanford: Stanford University Press.

Trivus, I. 1929, "Chto zhe dal'she?", *Rassvet*, 41 (Oct. 13), p. 6.

Tsukerman, Borukh 1921, "Sionistskaia delegatsiia i amerikanskoe evreistvo", *SP*, 17-18, p. 6.

Uri, Brian and Assaf Selzer 2018, "Yakhasei yehudim ve-arabim be-merkhav ha-kufarei rosh pinah-ja'una, 1918-1948", *Iyunim*, 30, pp. 145-180.

Ury, Scott 2012, *Barricades and Banners: The Revolution of 1905 and the Transformation of Warsaw Jewry,* Stanford: Stanford University Press.

Vinaver, M. 1920a, “Russkaia problema”, *Evreiskaia tribuna,* 1.

—— 1920b, “Pamiati Vladimira Solov’iova”, *Evreiskaia tribuna,* 34.

Vitte, Graf S. 1922, *Vospominaniia: tsarstvovanie Nikolaia II,* Tom I, Berlin: Slovo.

Yebzerov, A. 1972, “Ha-itonut ha-tsiyonit be-sibir”, in *Ktsir: kovets la-korot ha-tnua ha-tsiyonit be-rosiah,* beit, Tel-Aviv: Masada, pp. 63-75.

Zhabotinskii, V. 1923a, “Tri goda g. Samiuelia”, *Rassvet,* 28 (Jul. 15), p. 2.

—— 1923b, “O zheleznoi stene”, *Rassvet,* 42-43 (Nov. 4), pp. 2-4.

—— 1930, “D. S. Pasmanik”, *Rassvet,* 28 (Jul. 13), pp. 6-8.

Zimmerman, Joshua D. 2004, *Poles, Jews, and the Politics of Nationality: The Bund and the Polish Socialist Party in Late Tsarist Russia, 1892-1914,* Madison: University of Wisconsin Press.

邦訳文献

アンダーソン、ベネディクト　一九九三「〈遠隔地ナショナリズム〉の出現」関根政美訳、『世界』一九九三年九月号、一七九―一九〇頁。

ギテルマン、ツヴィ　二〇〇二『ロシア・ソヴィエトのユダヤ人100年の歴史』池田智訳、明石書店（明石ライブラリー）。

ギルマン、サンダー・L　一九九七『ユダヤ人の身体』管啓次郎訳、青土社。

サイード、エドワード・W　一九九三『オリエンタリズム』（全二冊）、板垣雄三・杉田英明監修、今沢紀子訳、平凡社（平凡社ライブラリー）。

——二〇〇四『パレスチナ問題』杉田英明訳、みすず書房。

バーバ、ホミ・K 二〇〇五『文化の場所——ポストコロニアリズムの位相』本橋哲也・正木恒夫・外岡尚美・阪元留美訳、法政大学出版局（叢書・ウニベルシタス）。

パペ、イラン 二〇一七『パレスチナの民族浄化——イスラエル建国の暴力』田浪亜央江・早尾貴紀訳、法政大学出版局（サピエンティア）。

ブールツェフ、V・L 一九八一『孤塁——回想・自由ロシアへの闘い』狩野亨訳、冨山房。

ベギン、メナヘム 一九八九『反乱——反英レジスタンスの記録』（全二巻）、滝川義人訳、ミルトス。

ボヤーリン、ジョナサン＋ダニエル・ボヤーリン 二〇〇八『ディアスポラの力——ユダヤ文化の今日性をめぐる試論』赤尾光春・早尾貴紀訳、平凡社。

モッセ、ジョージ・L 一九九六『ユダヤ人の〈ドイツ〉——宗教と民族をこえて』三宅昭良訳、講談社（講談社選書メチエ）。

ラウエ、セオダー・H・フォン 一九七七『セルゲイ・ウィッテとロシアの工業化』菅原崇光訳、勁草書房。

ロス、シーセル 一九六六『ユダヤ人の歴史』長谷川真・安積鋭二訳、みすず書房。

ワース、ルイス 一九七一『ユダヤ人と疎外社会——ゲットーの原型と系譜』今野敏彦訳、新泉社。＊原書：Louis Wirth, *The Ghetto*, Chicago: University of Chicago Press, 1956

日本語文献

赤尾光春 二〇〇七「帝政末期におけるロシア作家のユダヤ人擁護活動——ソロヴィヨフ、トルストイ、ゴーリキー、コロレンコを事例として」、『ロシア語ロシア文学研究』第三九号、四三—五〇頁。

赤尾光春・向井直己　二〇一七「隷属と独立のはざまで」、赤尾光春・向井直己編『ユダヤ人と自治――中東欧・ロシアにおけるディアスポラ共同体の興亡』岩波書店。
植田樹　二〇〇〇『コサックのロシア――戦う民族主義の先兵』中央公論新社。
鵜飼哲・高橋哲哉編　一九九五『『ショアー』の衝撃』未来社。
臼杵陽　二〇〇〇「犠牲者としてのユダヤ人／パレスチナ人を超えて――ホロコースト、イスラエル、そしてパレスチナ人」、『思想』二〇〇〇年一月号、一二五―一四四頁。
木谷智子・岡本祐子　二〇一六「自己概念の多面性と心理的 well-being の関連」、『青年心理学研究』第二七巻第二号、一一九―一二七頁。
篠崎香織　二〇一七『プラナカンの誕生――海峡植民地ペナンの華人と政治参加』九州大学出版会。
高尾千津子　二〇〇六「アブラハム・カウフマンとハルビン・ユダヤ人社会――日本統治下ユダヤ人社会の一断面」、『「スラブ・ユーラシア学の構築」研究報告集』第一七号（二〇〇六年九月）、四七―五八頁。
田中陽兒・倉持俊一・和田春樹編　一九九四『ロシア史』第二巻、山川出版社（世界歴史大系）。
――　一九九七『ロシア史』第三巻、山川出版社（世界歴史大系）。
鶴見太郎　二〇一二『ロシア・シオニズムの想像力――ユダヤ人・帝国・パレスチナ』東京大学出版会。
――　二〇一四「ロシア語シオニスト誌のなかの矢内原忠雄」、『ユダヤ・イスラエル研究』第二八号（二〇一四年一二月）、八二―八五頁。
――　二〇一八「想像のネットワーク――シベリア・極東ユダヤ人におけるアイデンティティのアウトソーシング」、若林幹夫・立岩真也・佐藤俊樹編『社会が現れるとき』東京大学出版会、二九一―三二三頁。
長縄宣博　二〇一七『イスラームのロシア――帝国・宗教・公共圏 1905-1917』名古屋大学出版会。
朴一　一九九九『〈在日〉という生き方――差異と平等のジレンマ』講談社（講談社選書メチエ）。

水野博子 二〇〇六「「マイノリティ」を「保護」するということ――国際連盟によるシステム化と支配の構図」、高橋秀寿・西成彦編『東欧の20世紀』人文書院、三五―六〇頁。
宮崎悠 二〇一〇『ポーランド問題とドモフスキ――国民的独立のパトスとロゴス』北海道大学出版会。
『ロシアを知る事典』(新版)、川端香男里・佐藤経明・中村喜和・和田春樹・塩川伸明・栖原学・沼野充義監修、平凡社、二〇〇四年。
森まり子 二〇〇八『シオニズムとアラブ――ジャボティンスキーとイスラエル右派 一八八〇~二〇〇五年』講談社(講談社選書メチエ)。

初出一覧

第三章

「ナショナリズムの国際化――ロシア帝国崩壊とシオニズムの転換」、赤尾光春・向井直己編『ユダヤ人と自治――中東欧・ロシアにおけるディアスポラ共同体の興亡』岩波書店、二〇一七年、一六三―一八五頁。

第四章

「ダニエル・パスマニク――白系ロシアのシオニスト、あるいは二重ナショナリスト」、『思想』二〇一三年一〇月号、一〇三―一二七頁。

"Jewish Liberal, Russian Conservative: Daniel Pasmanik between Zionism and the Anti-Bolshevik White Movement", *Jewish Social Studies*, 21(1), 2015, pp. 151-180.

第六章

「想像のネットワーク――シベリア・極東ユダヤ人におけるアイデンティティのアウトソーシング」、若林幹夫・立岩真也・佐藤俊樹編『社会が現れるとき』東京大学出版会、二〇一八年、二九一―三二三頁。

あとがき

「民族」や「国家」の単位に閉じこもろうとする動きが世界を席巻している。それはリアリズムの観点からは当然のことで、世界の協調は理想にすぎないとされることかもしれない。しかし、協調は決して実現されぬ理想などではなく、目立たずとも日々を動かす現実の一端である。個々人は多様な側面を持ち、それらが調和して自己が成り立つ。個々の側面で自己完結できるものはおそらく一つもなく、それらの調和には、原理的に他者との協調が不可欠になる。現実はこうした協調の網の目に左右されていく。もちろん、現実によってその協調のあり方が変化することもある。

人が本来的に民族や国家に縛られると考えることは自己の多面性を無視している。そうした単位を前提とした協調の呼びかけにも自ずと限界があるだろう。協調は決して建前なのではなく、その意義が理解され実感されて初めて機能するメカニズムである。必要なのは、大きな概念や大きな主語を使って現実をわかったつもりになることではなく、実際にどのような協調がなされ、またそれが切断されているのかを、多層的に見極める地道な作業である。

そのような観点に思い至ったのは、第四章で登場したパスマニクを丁寧に追っている時だった。「民族」や「国家」という概念で切ろうとすると、彼はとても矛盾に満ちた存在に見える。だが彼自身にとって、すべては一貫していた。それはどのようなメカニズムだったのか——。それを明かした論文を書くきっかけを与えてくださったのが、当時『思想』（岩波書店）の編集長をされていた互盛央さんである。

互さんが講談社に移籍され、早くからメチエで書くことをご提案された。その時は比較的すぐに書けると思っていた。だが、以上のような観点に立ったため、緻密さと実証性ではより高いレベルのものが必要となり、結局六年ぐらい経ってしまった。

その過程で感謝しなければならない人や機関はとても多いが、ここでは、職業研究者としての足場を組むうえで多大な力を与えてくださった前の職場である埼玉大学の方々にフォーカスさせていただきたい。教養学部での少しの授業負担を除いて研究に専念し、成果を出せば任期なし（テニュア）に登用されるという、研究機構のテニュアトラックポストでの雇用だった。

着任が決まった段階から様々にご助言くださったのは山崎敬一先生である。文系の、特に人文学寄りの研究は個人商店のようなところが大きいが、研究費で本を買ったり調査旅行をしたりするだけでなく、世界の研究者と連携してプロジェクトを進めるという、このポストに期待されていた役割について大きく後押ししていただき、初めての主催国際会議を二日間開催することができた。終章で触れた英語の論集はその時の成果である。何より、協調がなかったところに協調をもたらすことで生み出されるものがあると実感することができた。

当時の教養学部長だった高木英至先生のお名前も、本書と内容的にも関わるため、言及させていただきたい。多面的な自己という観点から研究をまとめていく方向性は、着任当時に私自身の関心をお話しした際に、ご専門である社会心理学の知見からご助言いただいたことに端を発している。社会学内での専門が界隈では最も近く、OBとして周辺の飲食店に毎週のように連れて行ってくださり、エスニシティや差別について様々にお話しくださった福岡安則先生にもお礼申し上げなければならない。

また、研究機構において、当時小田匡寛先生率いていたテニュアトラックの同僚や事務の方々にも、個々にお名前を挙げることは控えさせていただくが、いただいたご支援や刺激、そして楽しい会話に対してとても感謝している。

その後、短期間のうちに東京大学駒場キャンパスに移るという不義理を働くことになってしまったことを思うといたたまれない気持ちになる。ただ、駒場でも国際会議は四年間で二回開催し、埼玉大学で入魂されたものはしっかりと守ってきた。第一章の議論の一部はその会議の成果である。せめて本書を恩返しの一つとしたい。

本書が出来上がる過程で、駒場の方々にも大変お世話になってきた。様々な分野の方々が、予定調和を期待しないで自由な空気で活動されている駒場に身を置いたことが、分野横断的な本書をなんとかまとめることにつながったことは間違いない。駒場は、一つの側面でもって諸個人が束ねられることを意味する団結は決して得意でない。もちろん、大学とはえてしてそういう場だろう。しかしその代わり、個々人がつながれるところでつながりながら多様な難題にいつの間にか対処できてしまうのが駒場である。

本書の完成に際し、駒場出身の一流の研究者でもある互さんに多忙極めるなか非常に丁寧に原稿を見ていただけたのはとても幸せだった。互さんからの励ましは本書を完成させるうえで何より原動力になった。改めて感謝申し上げたい。

本研究を遂行するにあたって、埼玉大学のテニュアトラック事業に関わる研究費に加え、とりわけ以下の科研費による支援を受けたことも明記したい。研究活動スタート支援「帝国崩壊期のロシア系ユダヤ人における相互依存的アイデンティティ」（研究代表者：鶴見太郎、二〇一四年度～一五年度、課題番号：２６８８５０１２）、若手研究Ａ「ロシア史のなかのイスラエル——帝国崩壊と戦時暴力のシオニズムへの影響」（同、二〇一六年度～一九年度、課題番号：１６Ｈ０５９３０）、基盤研究Ａ「東アジアにおける歴史和解のための総合的研究」（研究代表者：梅森直之、二〇一五年度～一八年度、課題番号：１５Ｈ０１９３３）、基盤研究Ｂ「ソ連・東欧におけるホロコーストの比較研究」（研究代表者：高尾千津子、二〇一六年度～一九年度、課題番号：１６Ｈ０３４９４）。

最後に、家族への感謝を記すことをお許しいただきたい。福岡で隠居している両親や兵庫の義母には、我々夫婦どちらかが海外出張の際の手伝いなど、文字通りにお世話になっている。前著でも登場し、その後「妻」という「側面」を受け入れてくれた小鈴さん、そして、その後無事に授かり、すくすくと育っている「かわいすぎる五歳児」に、とりわけ、協調（？）相手になってくれていることに対して感謝したい。

二〇二〇年七月二九日

鶴見太郎

鶴見太郎（つるみ・たろう）

一九八二年、岐阜県生まれ。東京大学大学院総合文化研究科博士課程修了。博士（学術）。現在、東京大学大学院総合文化研究科准教授。専門は、エスニシティ・ナショナリズム論、ロシア・ユダヤ史、シオニズム、イスラエル・パレスチナ紛争。

主な著書に、『ロシア・シオニズムの想像力』（東京大学出版会。東京大学南原繁記念出版賞）、『ユダヤ人と自治』（共著、岩波書店）、『社会が現れるとき』（共著、東京大学出版会）など。

イスラエルの起源《きげん》

ロシア・ユダヤ人《じん》が作《つく》った国《くに》

二〇二〇年一一月一〇日　第一刷発行
二〇二四年　二月　五日　第四刷発行

著　者　鶴見太郎《つるみたろう》

発行者　森田浩章
発行所　株式会社講談社
東京都文京区音羽二丁目一二―二一　〒一一二―八〇〇一
電話（編集）〇三―五三九五―三五一二
（販売）〇三―五三九五―五八一七
（業務）〇三―五三九五―三六一五

KODANSHA

装幀者　奥定泰之
本文印刷　株式会社新藤慶昌堂
カバー・表紙印刷　半七写真印刷工業株式会社
製本所　大口製本印刷株式会社

ISBN978-4-06-521571-5　Printed in Japan　N.D.C.230　290p　19cm

講談社選書メチエの再出発に際して

講談社選書メチエの創刊は冷戦終結後まもない一九九四年のことである。長く続いた東西対立の終わりはついに世界に平和をもたらすかに思われたが、その期待はすぐに裏切られた。超大国による新たな戦争、吹き荒れる民族主義の嵐……世界は向かうべき道を見失った。そのような時代の中で、書物のもたらす知識が一人一人の指針となることを願って、本選書は刊行された。

それから二五年、世界はさらに大きく変わった。特に知識をめぐる環境は世界史的な変化をこうむったとすら言える。インターネットによる情報化革命は、知識の徹底的な民主化を推し進めた。誰もがどこでも自由に知識を入手でき、自由に知識を発信できる。それは、冷戦終結後に抱いた期待を裏切られた私たちのもとに差した一条の光明でもあった。

その光明は今も消え去ってはいない。しかし、私たちは同時に、知識の民主化が知識の失墜をも生み出すという逆説を生きている。堅く揺るぎない知識も消費されるだけの不確かな情報に埋もれることを余儀なくされ、不確かな情報が人々の憎悪をかき立てる時代が今、訪れている。

この不確かな時代、不確かさが憎悪を生み出す時代にあって必要なのは、一人一人が堅く揺るぎない知識を得、生きていくための道標を得ることである。

フランス語の「メチエ」という言葉は、人が生きていくために必要とする職、経験によって身につけられる技術を意味する。選書メチエは、読者が磨き上げられた経験のもとに紡ぎ出される思索に触れ、生きるための技術と知識を手に入れる機会を提供することを目指している。万人にそのような機会が提供されたとき初めて、知識は真に民主化され、憎悪を乗り越える平和への道が拓けると私たちは固く信ずる。

この宣言をもって、講談社選書メチエ再出発の辞とするものである。

二〇一九年二月　　野間省伸

近代性の構造　今村仁司
身体の零度　三浦雅士
近代日本の陽明学　小島　毅
経済倫理＝あなたは、なに主義？　橋本　努
パロール・ドネ　C・レヴィ＝ストロース　中沢新一訳
ブルデュー　闘う知識人　加藤晴久
熊楠の星の時間　中沢新一
絶滅の地球誌　澤野雅樹
共同体のかたち　菅　香子
三つの革命　佐藤嘉幸・廣瀬　純
なぜ世界は存在しないのか　マルクス・ガブリエル　清水一浩訳
「東洋」哲学の根本問題　斎藤慶典
言葉の魂の哲学　古田徹也
実在とは何か　ジョルジョ・アガンベン　上村忠男訳
創造の星　渡辺哲夫
いつもそばには本があった。　國分功一郎・互　盛央
創造と狂気の歴史　松本卓也
「私」は脳ではない　マルクス・ガブリエル　姫田多佳子訳
AI時代の労働の哲学　稲葉振一郎
西田幾多郎の哲学＝絶対無の場所とは何か　中村　昇
名前の哲学　村岡晋一
「心の哲学」批判序説　佐藤義之
贈与の系譜学　湯浅博雄
「人間以後」の哲学　篠原雅武
ドゥルーズとガタリの『哲学とは何か』を精読する　近藤和敬
自由意志の向こう側　木島泰三
自然の哲学史　米虫正巳
夢と虹の存在論　松田　毅
クリティック再建のために　木庭　顕
AI時代の資本主義の哲学　稲葉振一郎
ウィトゲンシュタインと言語の限界　ピエール・アド　合田正人訳
ときは、ながれない　八木沢　敬
非有機的生　宇野邦一
恋愛の授業　丘沢静也